OCEANO exprés

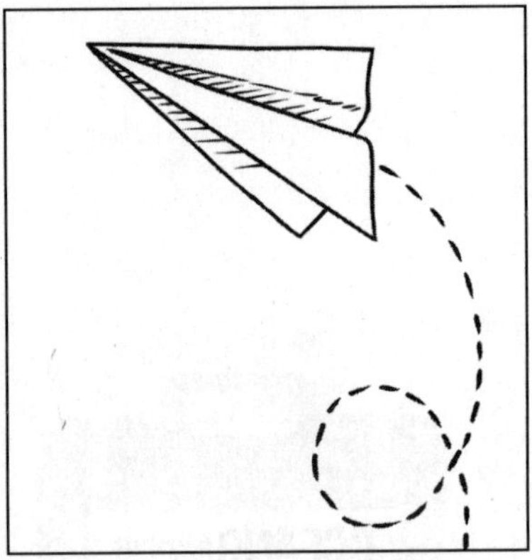

ANTONIO ESQUINCA

PLAN DE VUELO

OCEANO exprés

PLAN DE VUELO

Diseño de portada: Jazbeck Gámez

D. R. © 2020, Editorial Océano de México, S.A. de C.V.
Homero 1500 - 402, Col. Polanco
Miguel Hidalgo, 11560, Ciudad de México
info@oceano.com.mx

Primera edición en Océano: 2020

ISBN: 978-607-557-105-8

Impreso en México / Printed in Mexico

Este pequeño libro está dedicado a todos ustedes: las almas que se han dejado tocar y que me han tocado.

Pues en ese intercambio de cotidianidad nos hemos construido, y han hecho crecer en mí el sentimiento más puro que cualquier humano pueda llegar a entregar y sentir por otro de la misma especie, en un anonimato tan insignificante que me atrevo a decirte: INFINITAS GRACIAS. Te amo por elegirme.

Este libro es para mis guardianes: para mis ángeles y para mi guía, amigo, protector y proveedor: San Antonio. Pero sobre todo para esos hermosos seres que siempre están ahí, incluso más cercanos, más tangibles que cuando pude abrazarlos: mi mami, Tito, Chipa, Samuel, Teorim, Elías.

A mi amado roble, inmenso en sabiduría y vencedor de cualquier estadística, pronóstico, carrera o teoría, que me dio la buena fortuna de ser su hijo: mi papi.

A mi amado clan con el que he caminado realidad tras realidad, MI TESORO MÁS GRANDE: MI AMADA

FAMILIA. Mis hermanos, hermana, sobrinas, sobrinos, cuñadas y cuñados.

También está dedicado con inmensa admiración y gratitud a quien me ha tendido la mano, cuidado e impulsado con enorme cariño y respeto en una década: Francisco Aguirre Gómez.

Está dedicado enteramente a quien enteramente ha estado. Mi flanco izquierdo, mi inquebrantable y entrañable "*best mate*", mi mejor curador: Juan Carlos.

Y está dedicado, con el más profundo *GRACIAS*, a mi amiga, amor, cómplice, terapeuta, despertador, inspiración, compañera, mujer, pareja:

Mi Clodia.

Índice

Prólogo, por Claupatra, 11

Prefacio a la nueva edición, 15

Introducción (leer, por favor), 19

Conoce tu nave, 23

Despegue, 81

Vuelo, 109

Aterrizaje, 153

Prólogo

> *Imaginar es ver. Es una forma de ver. La diferencia entre lo que imaginas y ves es la creencia de que lo que crees que imaginas es lo que realmente es y ves.*
>
> Drunvalo Melchizedek

Cuántas veces nos hemos sorprendido soñando con un vuelo. Ya sea que volemos en un artefacto o que flotemos. La sensación de vuelo para el ser humano es por sí misma una ventana a la libertad, un breve asomo a la incomparable experiencia de estar desprendidos del suelo y romper el espacio de los límites para literalmente despegar.

Cuando éramos niños gozábamos de un permiso intrínseco para volar con nuestra imaginación comandados por el llamado del alma, con su inconfundible brújula y diseño de vuelo. Muchos o la mayoría rebasábamos las fronteras de lo imposible para hacerlo posible. Al parecer teníamos fresca una memoria que nos otorgaba la certeza de que volar era parte de lo nuestro. Cuando veíamos las caricaturas, a pesar de ser advertidos de que aquello era puro cuento, una parte nuestra guardaba con recelo la posibilidad de que eso, que parecía ajeno, de alguna forma seguía perteneciéndonos. No es fortuito que la mayoría de los niños soñaran con ser pilotos, y las niñas, aeromozas (término que se usaba en épocas pasadas).

Toño Esquinca no es la excepción. En alguna de nuestras pláticas me contó que siempre soñó con ser piloto y que más allá del uniforme elegante y atrayente, era la sensación liberadora de volar comandando una nave que lo llevara al cielo, a las nubes, incluso al espacio para tocar, aunque sea un poco, las increíbles trayectorias que forman las aves, lo que le resultaba tan incitante.

Los caminos lo condujeron por otros rumbos, sin embargo, como en muchos, el anhelo del vuelo permaneció en el cofre del tesoro escondido de los sueños del alma.

El vuelo, pues, es vuelo como tal cuando podemos realizarlo de una manera literal. Sin embargo, se abre como un abanico de infinitas posibilidades al remontarnos a nuestros sueños infantiles, cuando nos permitíamos verdaderamente volar. El vuelo se levanta al ser inocentes, al tirar nuestras cargas, al liberar el peso que verdaderamente nos mantiene atados con una fuerza mucho mayor a la de la gravedad: nuestros propios límites.

A lo largo de su trayecto y a pesar de nunca haberse graduado como piloto, Toño ha descubierto que la verdadera forma de volar puede encontrarse en el andar de nuestras vidas.

Este libro explora los componentes que todos como humanos tenemos ya como nuestro propio artefacto de vuelo: nuestra tecnología interna, que está diseñada para mucho más de lo que ahora, como adultos, creemos que sabemos.

Con un tono suave y ameno, Toño describe el plano de nuestro propio instrumental de vuelo recopilado a través de enseñanzas de distintas tradiciones espirituales y experiencias personales, que deriva en una propuesta inspiradora de un Plan de Vuelo que podemos tomar como herramienta para comenzar a arrancar motores, abrirle las puertas al incalculable poder de nuestro espíritu y emprender el vuelo de nuestro Ser hasta llegar, ¿por qué no?, al vuelo perfecto: volar con nuestro cuerpo de carne y hueso.

CLAUPATRA

Prefacio a la nueva edición

Las personas que NO saben lo que quieren, en ocasiones lastiman a las personas que sí lo saben.

No por maldad, sino porque la energía y vibración de incertidumbre que emanan se transfiere a todo lo que hacen, lo que dicen, lo que tienen, lo que sienten, lo que tocan y a quienes conviven con ellos. La llevan consigo en cada inhalación y exhalación.

No somos perfectos, de ninguna manera, pero siempre debemos de saber que somos suficientes. Y trabajando en nosotros mismos, podemos acercarnos lo más posible a nuestra propia perfección alimentándonos sanamente de todo aquello que nos edifica y nos hace mejores, desde la comida hasta lo que vemos, lo que escuchamos, lo que decimos... y lo que compartimos.

Elige no aferrarte a las malas noticias, a las desgracias, al caos, a los chismes, a las traiciones, a la escasez, al miedo y al odio.

Aliméntate de risas, de naturaleza, de buena música, de arte, de poesía, de gratitud, de limpieza, de buenas compañías, de aire fresco, de riqueza, de amor, de sol y de todo lo bueno y maravilloso que la vida nos ofrece. Acostumbra a tu cerebro a pensar en positivo; acostumbra a tu energía a recibir sólo cosas buenas. Eleva tu vibración para que sólo eso recibas. Y no lo digo como el típico cliché de motivación: esto es UNA LEY energética que funciona, lo quieras o no, lo sepas o no. Abundante es como Dios te quiere, y eso está en las Sagradas Escrituras.

También sé que no se pueden tomar atajos ni caminar en línea recta. Sanar es un proceso largo y un camino empedrado, lleno de curvas y baches. Pero son esas curvas y baches lo que le da *sabor* a la vida, lo que nos hace valorar lo que de verdad importa, lo que nos hace aprender lo que en nuestro interior siempre hemos sabido, lo que nos hace sentir empatía y compasión por el prójimo y lo que nos hace ser como Dios nos ha soñado.

Claro que en tu proceso de crecimiento tendrás momentos de retroceso. Puede que sientas la tentación de retomar viejos hábitos dañinos (¡y que hasta los retomes!), puedes romper algunas cosas o relaciones, puedes jugar a las escondidas con eso que sabes que necesitas para liberarte y crecer, puedes incluso creer que el ego es quien manda en ti. Todo esto puede ser necesario y parte del proceso, siempre y cuando sea temporal y en algún momento, finalmente, te des cuenta y salgas avante.

Disfruta del proceso, es algo muy personal.

Siempre he dicho algo que creo firmemente: "lo mejor está por venir". En su momento puedes pensar que las cosas no salieron como las planeaste o como las mereces, pero créeme: LO MEJOR ESTÁ POR VENIR.

Para sentirte libre, antes debes sentirte un poco atrapado.

Para encontrar tu camino, te debes haber perdido antes.

Para valorar la luz, debes haber estado en la oscuridad.

Por eso, espero que este libro te ayude, aunque sea un poco, a ser una persona que sí sabe lo que quiere. Que sabe lo que merece y que está dispuesta a recibirlo en su vida con los brazos muy abiertos.

Que tiene un PLAN DE VUELO para su vida y que volará MUY ALTO.

Este libro lo escribí hace un poco más de diez años. En su momento pasó un tanto desapercibido: estaba justamente cambiándome de trabajo, transitando de una estación de radio a otra, y el volumen no recibió la atención debida. Pero creo que sus letras son atemporales y que sigue vigente, sobre todo en un momento tan significativo como el que vivimos ahora. Espero que este *Plan de vuelo* te ayude en el momento de la vida en el que te encuentres. ¡Disfrútalo!

Con todo mi cariño y admiración.

ANTONIO ESQUINCA
Mayo de 2020

Introducción (leer, por favor)

Debido a la sorpresiva aceptación de *Transforma tu realidad*, mi primer libro, la idea de escribir otro me aterraba constantemente; tanta gente esperando resultados, tratando de ver si era capaz de superar sus expectativas, tanta gente en espera de encontrar algo que le ayudara, tanta gente que confíaba en mí y que no quisiera desilusionar, tanta gente esperando criticarme, tanta gente apoyándome, tanta gente... Éste nunca ha intentado ser un libro de motivación. De hecho, es un libro antimotivación, antidesarrollo humano o cualquier otra cosa que quepa dentro de esas etiquetas que nunca han servido ni servirán. Quizá te sorprendas al leer esto que acabo de mencionar, pero la verdad es que nunca he creído en eso de la motivación. Conforme avances en la lectura sabrás por qué estoy en contra de la supuesta motivación y de muchos otros temas y conceptos que iré mencionando a lo largo de las páginas que me estás haciendo el honor de leer.

Como siempre le he dicho a todas las personas que me he encontrado en mi vida, y al igual que en mi libro anterior, hoy te digo que yo no pretendo enseñarte nada, absolutamente nada; es más, no tengo el más mínimo conocimiento de nada como para enseñarte algo. Lo único que espero es poder compartir cosas importantes contigo, cosas que, eso sí, he vivido y comprobado, por eso me atrevo a platicártelas. Son cosas que yo no inventé, son algo que durante todos los siglos ha estado ahí... esperando y dándose a todos los seres humanos de este planeta.

Los tiempos que estamos viviendo son en verdad importantes y sobre todo emocionantes. Los cambios que estamos presenciando en cualquier aspecto de nuestra vida son únicos y están sucediendo en todos niveles, en todos los terrenos, en todo. ¿Acaso no te has dado cuenta? A ti te han sucedido.

Estoy seguro de que sí. La magia está presente en cada instante de tu vida. Las bendiciones llegan como ríos a tu vida y a la de todos los seres humanos de este planeta; llegan para ser tomadas.

Lo que seguramente te estás preguntando al leer esto último debe ser: ¿entonces por qué hay tanta miseria, tanta hambre, tanta violencia, tanta injusticia?, ¿por qué me ha ido tan mal?, ¿por qué me pasa esto a mí? Te has de preguntar esas y mil cosas más. Yo también me las pregunto. Sin embargo, tú y yo tenemos que saber que hay sólo una respuesta, una clave, una verdadera puerta, un solo camino que absolutamente todos buscamos; hasta los más ricos, los más afortunados, los más suertudos, por decirlo así (aunque si me conoces sabes que no creo en la suerte). Lo que todos buscamos es la plenitud.

Precisamente de eso se trata la vida. Yo te apuesto a que cualquier persona que conozcas en este mundo está en busca de algo… de algo que la conecte con la plenitud. Las personas que la encontraron están a punto de dejar este planeta, o ya lo dejaron.

Pero la búsqueda de aquello que nos llenará por completo, que nos traiga la paz que tanto anhelamos y la buena fortuna en nuestra vida, en nuestras finanzas, en nuestra salud, en nuestras relaciones, es innecesaria. Esas cosas ya nos están dadas.

Todos tenemos en nuestro corazón la magia que nos hace únicos, incomparables, pero al mismo tiempo, iguales uno al otro. Todos tenemos una exclusiva chispa divina, que será descubierta y explotada a su debido tiempo. No antes ni después, sino en el instante exacto, en el momento correcto. Si estas palabras no las entiendes, no te preocupes ni me juzgues mal. Ya llegará el tiempo en que me entiendas y en que te entiendas tú mismo. Todo llega a su debido tiempo.

Así que comenzaré este libro con el único propósito de compartir contigo lo más valioso que tengo y por lo que estoy dispuesto a morir: mis creencias. Lo que comparto aquí es desde el más humilde punto de vista; lo que yo diga no vale por sí mismo, sólo es una propuesta más de entre miles de millones que existen.

Dios te bendice. Te agradezco infinitamente tu presencia aquí y ahora, mientras lees estas palabras.

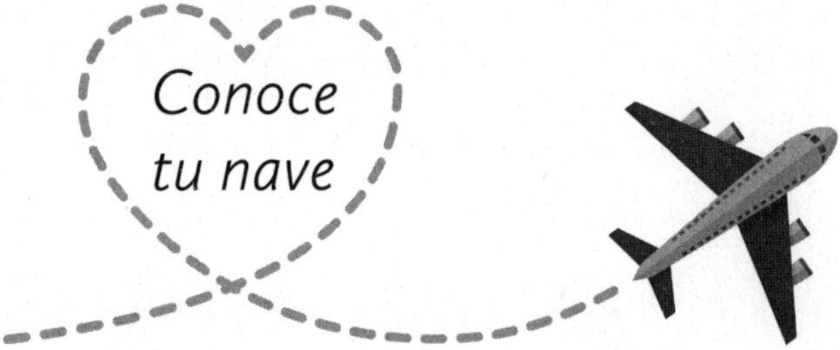
Conoce
tu nave

Antes de emprender cualquier vuelo, cualquier aventura, cualquier viaje, debes conocer en qué te estás transportando, en qué tipo de vehículo vas a viajar. Bueno... pues resulta que en esta vida estás equipado con un vehículo que te llevará a todos lados y te servirá para transitar por todo aquello que desees enfrentar en tu paso por el planeta. Ese vehículo es tu ser, pero tu ser no se limita a tu cuerpo, a lo que sientes físicamente y que ocupa un lugar en el espacio, sino que va más allá. En verdad es sorprendente todo el equipo que llevamos con nosotros y con el que hemos venido a caer en la experiencia llamada *vida*.

Lo que me gustaría que comprendieras es que no sólo cuentas con piel, pelo, dientes, ojos, oídos, cerebro, sangre, órganos y demás partes del cuerpo que puedes tocar o sentir. No cuentas solamente con eso que la ciencia médica estudia. ¡Cuentas con un sinfín de factores más, que están contigo! Cosas, por así decirlo, que te ayudan y te hablan constantemente.

El problema está en que, la mayoría de las veces, no reconocemos estas "cosas". Y digo *problema*, porque estamos usando nuestro ser a un tercio de su verdadero potencial; una tercera parte de lo que en realidad podríamos experimentar.

Nuestro ser se compone de tres "realidades", que a su vez son tres cuerpos en uno. El primero, el que todos conocemos, es el físico; el que ves en el espejo y sientes a nivel de esta realidad física, formado de carne y hueso, de órganos, sangre y demás; el que percibes cuando se enferma, el que siente dolor; tú bien lo conoces… Ese cuerpo es el que te viste, es tu fuselaje, haciendo la analogía con un avión.

El segundo es el cuerpo mental; es el que ocupa la mayor parte de nuestra existencia, ya que está dominado por nuestros pensamientos. Es al que más caso le hacemos debido a que interpreta todo lo que vemos, escuchamos, probamos, olemos y experimentamos; es el que dicta lo que es "real". Este cuerpo es denominado por el hinduismo como *manas*, que significa *principio pensante*; es el vehículo que el ego utiliza para su manifestación.

El tercer cuerpo es al que me gusta llamar *etéreo*, aunque muchos autores o escuelas filosóficas y religiones lo designan *espiritual*. El cuerpo entérico es el que le da sentido a nuestra existencia; es el que carga de energía a toda la maquinaria y la mantiene en esta realidad que llamamos *vida* en el planeta Tierra.

Cuando el cuerpo físico se enferma, en realidad es el cuerpo entérico el que se encuentra debilitado; por lo general, es a causa del cuerpo mental que gobierna todo dentro de nuestro ser.

Muchas filosofías y escuelas dicen que son cuatro cuerpos o más, ya que toman el de los sentimientos como un cuerpo aparte. Y prefiero incluir ese cuerpo, el de los sentimientos, en el cuerpo etéreo, porque está relacionado con el alma y con el espíritu. De hecho, en mi primer libro también hablo de cuatro cuerpos, pero he entendido, y lo explicaré a lo largo de este capítulo, que en realidad son tres, ya que los sentimientos o emociones que te engrandecen o, mejor dicho, que sacan de ti los principales valores como ser humano, vienen del corazón, el cual está íntimamente relacionado y conectado con el Yo superior (otro concepto del que te hablaré más adelante). Ese Yo superior está conectado a su vez con la más pura sabiduría del universo... es decir, con Dios.

Los tres cuerpos constituyen toda tu existencia e igualmente conforman la de absolutamente toda la creación: animales, plantas, piedras, océanos... ¡Todo! Todo contiene vida. Esa vida está sustentada para que pueda existir, es decir, para que se pueda ver, tocar, oler, saborear y escuchar, por dos fuerzas principalmente (hay muchas más, pero para lo que me gustaría platicarte sólo voy a mencionar dos), que he entendido y comprobado (te lo repito: yo no soy maestro, simplemente comparto contigo lo que he vivido): el magnetismo y la electricidad.

En todo nuestro sistema solar existen, al menos, esas dos fuerzas en todo ser u objeto, orgánico e inorgánico. Desde una simple piedra que encuentres a la orilla de un camino o una cucaracha hasta la luna y cualquier planeta. En la piedra, igual que en nuestro cuerpo físico, existen átomos y partículas más pequeñas, que constantemente chocan, rebotan y vibran gracias al magnetismo y la electricidad. Eso lo aprendimos en la secundaria bajo los principios básicos de la química y la física; sin embargo, también existen los *cuantos* o *quantums*, que son partículas aún más pequeñas que tienen vida, que se mueven, se atraen y se manifiestan. De ellos ya te hablé en mi primer libro; de cómo salen de nuestro cuerpo físico para flotar por el aire y atraer a su igual. También te mencioné que cada pensamiento produce miles de millones de quantums, cada vez que pensamos algo, y que por ley natural esos quantums van a atraer a su igual para el dueño, por así llamarlo, que los produjo con su pensamiento, o sea, tú.

Tanto nuestros tres cuerpos como la influencia del magnetismo y la electricidad están totalmente interrelacionados con todo en el universo; con los principales elementos que conforman la vida, el agua, el aire, el fuego y la tierra. Estos elementos también existen dentro de cada uno de nuestros cuerpos, ya que somos parte del todo y nuestra existencia está conectada con la existencia de todos y de todo en este planeta.

El estudio de los elementos que están íntimamente relacionados con nuestro cuerpo físico, de lo que me interesa platicarte, es de origen muy antiguo. Los conocían las grandes civilizaciones antiguas desde antes de los griegos, antes de Sócrates y Platón; antes de que existieran los Pumas en la primera división (mala broma). Aristóteles definió los principales elementos (agua, tierra, fuego y aire) como lo primero de lo cual todo se compone, no pudiendo descomponerse a su vez en otra materia distinta. Dicho en otras palabras, el fuego siempre será fuego, aunque lo encontremos en otras apariencias físicas. Aristóteles vinculó cada uno de estos elementos con las cualidades primitivas o básicas del planeta y del ser humano; es decir, calor, frío, humedad y sequedad.

Otro griego, Hipócrates, gracias a la teoría de Aristóteles, formuló la teoría de los humores, y un posible ordenamiento del temperamento de cada ser humano relacionado con las cuatro estaciones del año, donde explicaba que según la época de nacimiento de cada persona era un elemento el que más la dominaba y, por ende, sus emociones y carácter.

Por otro lado, los antiguos chinos postulaban cinco elementos: la tierra, el fuego, al aire, el agua y la madera; pero entendidos como estados de transformación de la energía YING-YANG. El ying y el yang son la representación de la dualidad en nuestro planeta, es el bien y el mal, el norte y el sur, lo femenino y lo masculino, el día y la noche, etcétera.

La astrología, que se cree comenzó a utilizarse hace miles de años por los sumerios, le da una importancia enorme a los elementos. Tú sabes que hay signos zodiacales que corresponden al agua, a la tierra, al fuego y al aire.

Los egipcios sabían que la relación que se establecía entre los cuatro elementos y los seres humanos era esencial en el poder de vida que se tenía en el plano físico de este planeta. También pensaban que aunado a esta relación había un quinto elemento que ellos llamaban *éter*; con él se podía trascender a otras realidades o a otros mundos, a otras dimensiones. La punta de su pirámide representaba este quinto elemento que dominaba las fuerzas de los cuatro elementos terrenales, y que se debía alcanzar con la conciencia del amor, para lograr el "despegue" a otras dimensiones.

Este quinto elemento, el éter, es muy importante, por lo que es primordial que sepas que es semimaterial; muchas de las tribus, civilizaciones y doctrinas se han referido a él como el elemento que se hará visible cuando la evolución del hombre en el amor y la conciencia sean más fuertes. Es la oleada de vida emanada del centro del universo. Es la energía antes de ser materia, idea, o cualquier otra cosa que puede ser tocada, pesada, medida o evaluada. Es el origen de toda materia, su composición es cuántica y es resguardada, para que exista en todo el universo, por el arcángel Metatrón. En los libros sagrados de los esenios, en la Cábala —el árbol de la vida en la tradición hebrea—, en el hinduismo, en la tradición de los egipcios, los chinos y los mayas se conoce este elemento bajo el mismo nombre.

En el hinduismo se concebían también cinco elementos sutiles que formaban el mundo material: el éter, el agua, el aire, el fuego y la tierra. Los representaban como oído, gusto, vista, olfato y tacto; de ahí la ayurveda (ciencia de la vida en equilibrio). Ésta habla de que cada ser humano tiene una *dosha* que va a regir el tipo de comida, de ambiente, de enfermedades a que se es propenso y todo lo que se tiene que conocer para mantener a cada ser humano en perfecta armonía. Esas doshas son Vata, Kapha y Pitta; son la combinación de todos los elementos y a todos los que nacimos en este planeta nos corresponde una de esas doshas; le vayas al equipo de futbol que le vayas, votes por el partido político que votes o seas de la religión que seas. Esto nada tiene que ver con tus creencias religiosas, que son muy respetables. Más bien son estudios hechos hace miles de años que reflejan la sabiduría que estamos buscando hoy en día y que la ciencia apenas está redescubriendo. Sobre este último aspecto de la ayurveda quisiera platicarte más; gracias a una maestra que tuve la oportunidad de conocer, Joyce Bueker, comprendí lo relacionados que estamos, como seres, con la naturaleza, ya que las doshas son determinantes en nuestra vida para buscar un entorno y vida equilibrados.

Quiero aclarar que la finalidad de este libro, que ahora tienes en tus manos, no tiene que ver con la medicina "alternativa"; sin embargo, me gustaría hablar un poco más al respecto para tratar de comunicarte el hecho de que todo en nuestra vida, en el planeta, está interrelacionado. Una muestra de ello son estas dichosas doshas, la naturaleza del cuerpo, de tu ser físico. Por eso me gustaría darte sólo un pequeño ejemplo de cómo funcionan y demuestran que, al igual que los árboles, las piedras o cualquier otra creación, estamos hechos bajo los mismos patrones. Hay elementos que predominan más en tu cuerpo que en el cuerpo de otra persona. Sobre este tema hay tratados enormes, cursos e incluso licenciaturas y maestrías en algunas universidades alrededor del mundo. Si te interesa esto, puedes descubrir mucha literatura, médicos, terapeutas y cursos que hay acerca de esta disciplina.

De manera muy básica te menciono algunas de las características de cada dosha para que identifiques a cuál perteneces. No hay doshas puras, es decir, personas que sean cien por ciento Vata, Kapha o Pitta, sino que todos tenemos una combinación de dos o de las tres, pero siempre va a predominar una de las tres.

LAS PERSONAS VATA ESTÁN COMPUESTAS DE ÉTER-AIRE

Su piel: seca, áspera, fría, se broncea fácilmente y exhibe arrugas prematuras.

Su cabello: castaño o negro; seco, rizado y hasta muy rizado.

Sus ojos: grises, marrones o poco comunes; son apagados, angostos o pequeños.

La complexión y cara: muy bajas o muy altas; con articulaciones grandes; pecho plano y delgado; cara angosta y nariz encorvada.

Su temperamento y pensamiento:

Cuando está desequilibrada: es nerviosa e indecisa, tiene baja tolerancia al dolor y se vuelve miedosa, frígida y confundida.

Cuando está equilibrada: es introspectiva, perceptiva, disciplinada y espiritual.

Su consumo de alimentos y su digestión: tienen gusto por las comidas rápidas y botanas; tienden a ser obesas y adictivas; sufren de gases y estreñimiento.

LAS PERSONAS CON DOSHA PITTA ESTÁN COMPUESTAS DE FUEGO-AGUA

Su piel: grasosa, suave, caliente, bronceada moderadamente con pecas y lunares.

Su cabello: gris prematuro; también castaño claro y rubio oscuro con tendencia a ser calvas y lacias.

Sus ojos: café claro, avellanados, verdes, con forma de almendra, penetrantes, ensangrentados y esclerótica amarilla.

Su complexión y cara: de talle medio, tendencia atlética, cara y nariz angulares.

Su temperamento y pensamiento:

Cuando están desequilibradas: arrogantes, impetuosas, irritables, impacientes, fuera de control y egoístas.

Cuando están equilibradas: alertas, adaptables, inteligentes y exitosas.

Su consumo de alimentos y digestión: de buen apetito por lo general, pero irregular; padecen indigestión, úlceras; tienen gusto por la comida muy condimentada y sufren a menudo de diarrea.

LAS PERSONAS CON DOSHA KAPHA ESTÁN COMPUESTAS DE AGUA-TIERRA

Su piel: fría, suave, densa y grasosa, por lo general pálida; se broncea fácilmente con el sol; tez suave y lisa.

Su cabello: rubio, azabachado, castaño oscuro, grasoso, abundante, brillante y ondulado.

Sus ojos: negros o azules, grandes, brillantes, sensuales, con la esclerótica blanca.

Su complexión y cara: por lo general de talle grande, robustas, cara redonda y nariz ancha.

Su temperamento y forma de pensar:

Cuando están desequilibradas: aferradas, avaras, tercas, intolerantes, negligentes, perezosas.

Cuando están equilibradas: tranquilas, estables, clementes, contemplativas y edificantes.

Su consumo de alimentos y digestión: por lo general, tienen apetito invariable, comen en exceso o muy poco y padecen de hinchazón e inactividad.

Como podrás ver, a cada dosha la domina una combinación de elementos, por lo que los nacidos bajo la dosha Pitta, obviamente, tienen que ingerir más alimentos, frecuentar lugares, tener experiencias y vivir rodeados de alimentos, objetos, situaciones que contengan agua y fuego, que son los elementos que rigen a esta dosha; aunque suene raro, hay muchos alimentos que contienen fuego y agua y muchas situaciones y objetos que representan el fuego y el agua.

Los chinos usan este conocimiento desde hace miles de años, también como base del feng shui: colores, aromas, sabores y determinadas condiciones que existen para aportar los diferentes elementos de la tierra.

Como te mencioné antes, si esto te interesa llegará a ti el conocimiento necesario, aparecerá en su debido momento, como todo en la vida.

Quise ponerte el ejemplo de las doshas y del ayurveda sólo como muestra, para que me puedas comprender mejor acerca de lo que te quiero decir: ¡somos parte de un todo! ¡Estamos interconectados con la Madre Tierra! Por eso es que todo lo que manifestamos como seres humanos depende no sólo de ti, sino de miles de cosas que están entrelazadas.

EL CUERPO FÍSICO

Tu cuerpo físico —que es mucho más que simplemente carne y huesos: es la maquinaria más increíble que jamás podrá hacer o fabricar el hombre— es a la vez una conexión con todo el cosmos.

No eres un ser que solamente dependa de sí mismo. Eres alguien que contiene exactamente la misma esencia, el mismo compuesto, los mismos elementos que contiene todo el universo.

¿Te das cuenta de lo mega importante y maravilloso que es esto? ¿Te das cuenta de que tienes vida y fortaleza igual que todo un planeta?

Independientemente de cuál sea tu religión o tus

creencias acerca de la creación, te quiero decir que tenemos en nuestra sangre los elementos con los que se hace todo. Y me gustaría compartir contigo un hecho importantísimo que he descubierto (tal vez ya lo sabías), con una enorme humildad y emoción te quiero comunicar que las enfermedades son resultado de un desequilibrio en tu entorno, en tu conexión con tu esencia más pura y con la Madre Tierra. El cuerpo físico se enferma cuando tú estás desequilibrado con tu naturaleza. Ya te hablaré de cómo nos juega trampas el otro cuerpo, el mental. Por lo pronto, con este cuerpo físico, quisiera transmitirte mi profunda emoción y admiración respecto a la conexión que tenemos con todo.

Todo esto es mucho más profundo y hay mucho más que explicar, pero espero comience a nacer en ti la curiosidad por esta conexión que desde hace miles de años se conoce, a la que apenas hoy la ciencia trata de darle cabida. Es por eso que si concibes tu cuerpo físico como algo perteneciente a un todo, y no como algo aislado, entonces descubrirás también que cualquier enfermedad es curable. ¡Sólo hay que equilibrar lo que está desequilibrado!

Es obvio que si un doctor con esquemas poco flexibles respecto a lo que es la medicina, un médico alópata, lee esto va a pensar que es charlatanería y que hay poca seriedad de mi parte; por eso te repito: yo no soy ningún maestro, y lo que te comparto es lo que he descubierto y experimentado en mí. Las cosas de las que te he hablado hasta ahora son infinitamente más profundas, pero si necesitas alguna ayuda, si te interesa algún conocimiento, éste llegará a ti; claro, si tú haces algo por encontrarlo.

Un maestro muy amado por mí me enseñó que en la vida hay dos fuerzas que hacen que todo se mueva en el universo y en tu cuerpo, aunque quizás haya más y tal vez la ciencia las descubrirá, pero por ahora lo esencial es que desde los egipcios y, en este continente, los toltecas, sabían que todo sucede mediante el poder del magnetismo y de la electricidad. Podrás preguntarte ¿y cómo no tenían focos ya? (jejejeje). No me refiero a la aplicación de la electricidad, sino a la fuerza invisible que recibe este nombre.

La electricidad de la que te quiero hablar existe en tu cuerpo físico, se ubica en el hemisferio cerebral que tiene que ver con la energía masculina. La energía masculina es aquella que sólo está basada y fundamentada en lo que se ve, se toca, se huele, se pesa y se cuenta. Es decir, sólo se cree en lo que puede comprobarse. El hemisferio masculino es el que nos da el almacenamiento de conocimiento y de experiencias y le da sentido a todo lo que vemos; es al que le gusta "etiquetar" todo lo que nos rodea. Éste es el encargado, en nuestra mente, de albergar al ego, es el que archiva todo lo relacionado con las cosas que nos rodean. Por poner un ejemplo, cuando escuchas la palabra *agua* inmediatamente llega a ti una serie de conceptos que has archivado con respecto al "agua" desde tus primeros días de existencia; súbitamente llega a ti, aunque no lo percibas conscientemente, la primera experiencia que tuviste con el agua. Tal vez era fría la primera vez que te bañaron y ahora tendrás cuidado de tocarla antes de meterte a bañar; tal vez escuchaste decir a alguien: "Si te mojas con agua te enfermarás", tu mente dirá: "El agua moja", y ahora cada vez que te mojes te enfermarás. "El agua es buena para beber", te dirá tu mente, y entonces tratarás de tomar agua en vez de otras cosas. "El agua ya no se puede tomar de cualquier llave", escuchaste decir, y ahora sólo tomas agua embotellada. El agua es esto y aquello, en fin, miles de conceptos y experiencias que has vivido y escuchado con respecto al concepto *agua* son archivados en tu mente, en el hemisferio masculino, y vuelven a ti cuando ves, oyes o te enfrentas a una experiencia relacionada con el agua.

Tú sabes lo que es el agua y crees en el agua porque la has tocado, sentido, bebido y comprobado. Te enseñaron qué es lo que se llama agua y has sabido identificarla en la vida; todo está archivado en tu cerebro, en el hemisferio masculino. Exactamente igual que todos y cada uno de los conceptos que manejas en tu actual realidad; conceptos como amor, muerte, vida, éxito, luz, fracaso, miedo, celos, triunfo, alegría, enfermedad, salud, etcétera. Todas las cosas que forman tu realidad. Más adelante te hablaré más del cuerpo mental.

Por lo pronto, en cuanto a la electricidad de la que te quiero hablar, la del cuerpo físico, es la que genera nuestro cerebro en cada una de las células de nuestro cuerpo. La electricidad es la que hace viajar los impulsos del cerebro y manda la información a cada pequeño rincón de nuestro cuerpo físico. Por eso es real la afirmación de que somos lo que pensamos; la información que mediante impulsos eléctricos manda el cerebro, junto con el corazón, son lo que nos mantiene vivos. La electricidad es el factor indispensable para que la máquina funcione, para que esté en movimiento, pero, sobre todo, para que el cuerpo físico adquiera su imagen y características únicas en el mundo. Es decir, la electricidad contenida en nuestro cuerpo es lo que nos hace traducir cada evento en movimiento; cada percepción en un hecho para nosotros, ¿me explico? Retomando el concepto de *agua*, cada vez que pienses en ella o te enfrentes al agua, se predisponen miles de células y actividades en todo tu cuerpo, para que puedas percibir el agua, para que puedas hablar de ella, para que puedas tomar un vaso de agua, o puedas darte un regaderazo y lo percibas como agua, para que no digas: ¿esto qué es? y al meterte a bañar no lo confundas con arroz, por decir una tontería a forma de ejemplo.

En resumen, la electricidad es la animación de tu cuerpo y de cualquier otro organismo existente en el plano material; es lo que le da la apariencia y el movimiento de los átomos en algo, es lo que hace que todos los compuestos moleculares vibren y hagan su trabajo, el de mantenerte como algo tangible en esta realidad. Todos los cuerpos y cosas del planeta, de este plano tridimensional, tienen el principio de vibración para poder ser percibidos. Por esa vibración es que vemos la materia. En un mueble, en un coche, en un cuerpo humano, todas las moléculas vibran para mantener ese cuerpo, esa materia, en esta realidad; pero en ese microscópico mundo molecular hay espacios enormes vacíos entre una molécula y otra. Es por eso que Einstein decía que alrededor y dentro de nosotros, el noventa y nueve por ciento es espacio vacío.

Esa electricidad se ve alterada o accionada por diversos factores externos. La música es un factor indiscutible que acciona la electricidad que fluye por tu ser, y estoy seguro de que lo has comprobado en diversas ocasiones con una canción que ha causado que tus impulsos eléctricos hagan que, en tu cuerpo, millones de células reaccionen modificando y alterando una serie de procesos químicos. Igual sucede con una persona o una situación.

La electricidad es lo que te mueve hacia las cosas, experiencias y conceptos. La electricidad es la fuerza viva; pero siempre será externa, ya que funciona con lo que conocemos del mundo, por esas etiquetas, nombres y nociones de las cosas; por los conceptos del bien y el mal, alto y bajo, feo y hermoso, blanco y negro... Gracias a los archivos existentes en tu mente de absolutamente todo lo que conoces. La electricidad en tu cuerpo funciona alterando procesos que ni en un millón de años entenderíamos al cien por ciento. Lo que sí puedo decirte es que esa electricidad se puede modificar para tu bienestar o para tu malestar. Todo depende de qué tan consciente estés de lo que piensas y decides recibir como "disparador" de esta electricidad.

La electricidad de la que hablamos es aquella fuerza que te impulsa y es responsable de tus comportamientos. Sin embargo, la mayoría de las veces no somos conscientes (no nos damos cuenta en realidad) de lo que perseguimos.

¿A qué me refiero? Me refiero a que esa electricidad generada en tu cuerpo es consecuencia de un impulso mental; es decir, que la mayoría de las veces, digamos un noventa y nueve por ciento, es sin tu elección. Más bien es decisión de la mente, lo que significa que esa energía que se traduce en vida y en animación de tu cuerpo físico, se usa sin enfoque, sin control; tu mente decide por ti y la mayoría de las veces determinará que esa electricidad se utilice, no para lo que en realidad deseas encontrar o conseguir, sino para lo que "necesitas", según tu mente, tus creencias.

Esta electricidad se forma por una serie de impulsos que recorren tu cuerpo en fracciones de segundo, tu cerebro ordena hasta a la más mínima parte de un pequeño músculo que se mueva ante una situación o como una reacción ante algo. Esos impulsos eléctricos generan una serie de sustancias que hacen que se traduzcan en movimientos o en comportamientos que "sientes". Vuelvo al ejemplo de la música: en lo personal hay canciones o música que a mí, quizás a ti también te haya pasado, me ponen la piel chinita. Esos impulsos generan una alteración que pasa de la *química* a la *física* para que la piel se te ponga chinita. De igual forma sucede con todas las demás partes internas de tu cuerpo, con tus órganos vitales y con tus células. (Claro que cuando hablo de la música me refiero a un ejemplo del que eres consciente, al menos eso se supone. ¿Por qué?, porque estás escuchando con intención una canción, o porque estás decidiendo ponerle atención a algo, en este caso a la música.)

Cuando la información llega a tus células, sucede algo de lo que no somos conscientes y que los estudios científicos no habían querido aceptar hasta hace muy poco tiempo. Al llegar, después de un proceso físico y químico, la información a las células, éstas adoptan diferentes formas y comportamientos, dependiendo de la electricidad que reciben; puede ser electricidad de enojo, de ira, de tristeza, de euforia, de alegría, de paz, etcétera. Las células adoptarán la actitud igual a la de la información recibida por el cerebro, ¿y qué crees que pase si tu electricidad es generada por impulsos de ira, de destrucción, de venganza, de odio, de rencor? ¿Qué crees que pase? ¿No tienes idea? Pues pasará exactamente lo mismo: las células se autodestruyen, se autovengan, se auto-"rencorean". ¿Sabes cómo? Pues como enfermedad. Desde enfermedades tan leves como una simple diarrea o gripe... hasta llegar al cáncer.

Las células reciben esa información y actúan, se transforman, se convierten en lo que los impulsos de tu mente les ordenan. Tal vez te preguntes: entonces, ¿cómo es que hay gente tan mala que no se enferma? Yo te pregunto: ¿en realidad crees que no están en el proceso? Claro, fíjate en sus miradas, tal vez aún no salga a flote pero esas personas, al igual que las que sufren un dolor muy grande o un rencor muy grande y no lo procesan, terminan por enfermarse de algún órgano o de cualquier otra cosa.

Lo más curioso es que aquí entra otro factor: las células y la mente (el cerebro, en términos más clínicos) mantienen una estrecha comunicación. Es como los obreros y el capataz; los obreros (que son las células) obedecen y piden un sueldo a cambio de su trabajo; el capataz (el cerebro) tiene que darles trabajo y su paga.

Para darnos una idea más clara de esto, veamos un ejemplo. Digamos que en el cuerpo de Susanito el capataz grita a los obreros: ¡reciban, procesen y plasmen en sus núcleos esta información! Y la información es: rencor. Entonces, las células de Susanito en el área correspondiente irán tomando la forma de rencor.

Cada órgano, cada parte de nuestro cuerpo procesa y es responsable de un tipo de impulso eléctrico relacionado con las creencias y con la información guardada en el cerebro; el páncreas, hígado y estómago conforman el área correspondiente al rencor. Entonces, siguiendo con nuestro ejemplo, las células de esos órganos en el cuerpo de Susanito se transformarán de acuerdo con rencor.

Al otro día quizá Susanito ya no se acuerde del rencor que siente por equis persona, pero al no sanar este rencor, al no dejarlo ir, al no trabajarlo, deja de ser CONSCIENTE de él; las células tienen que seguir trabajando, viviendo, existiendo, por lo que le piden al capataz que les dé más trabajo. El capataz seguirá mandando la orden de "rencor", y las células continuarán el proceso de hacer que su núcleo adopte la forma "rencorosa"... hasta que las células toman una posición automatizada de reacción en esa parte del cuerpo, en esos órganos que corresponden al "rencor", y llegan a un punto que exigen tener esos estímulos eléctricos u órdenes de su capataz para seguir existiendo bajo las normas a las que se acostumbraron, es decir, de rencor.

El capataz, para cumplir las demandas de sus obreros, las células, se apodera del pobre Susanito, quien cada vez se sentirá más atraído por hablar, compartir, experimentar, recordar e identificarse con hechos, personas, situaciones, cosas y vivencias que lo relacionen con el rencor. Es decir, se convertirá en adicto a ese impulso eléctrico producido por el rencor. Lo mismo sucede con diferentes factores de nuestra vida: los miles de millones de obreros (células) que están en nuestro cuerpo llevan el mismo proceso, en cada parte del cuerpo, con diferentes impulsos eléctricos.

Cuando no somos nosotros quienes estamos a cargo, al mando, cuando no estamos conscientes, nos pasa lo que a Susanito y nos convertimos en adictos sin saberlo, sin aceptarlo, de diferentes cosas o costumbres. Por ejemplo, hay quien es adicto al sexo, a las mentiras, al "supuesto" amor, a una persona, a ciertas manías o patrones, en fin.

De ahí nace lo que se conoce como adicción, ya que la adicción no es sólo a las drogas o al alcohol, sino a las personas, a los hábitos, a diferentes tipos de pensamientos y necesidades que nacen de los impulsos eléctricos cuando el capataz toma el mando y las células, sus obreros, se convierten en hambrientos trabajadores que deben tener el tipo de información con el que se acostumbraron a vivir.

La buena noticia es que el capataz (cerebro) es sólo eso, un capataz.

¡Tú eres el dueño del rancho y tú decides!

Si estás consciente de todo esto, tú decides cuándo hacer que existan nuevos impulsos eléctricos, con nueva información para tus células. ¡Eso es todo!

Cuando tú tomas el control, al ser consciente de lo que tu cerebro y tus células —mediante la mecánica que te expliqué— están generando en tu vida, comienzas a cambiar el tipo de electricidad que circula en ti.

Son maravillosos en verdad los cambios que encuentras en tu físico y en el mundo que te rodea cuando te das cuenta de esa electricidad y te haces consciente de cómo funciona. Exactamente de la misma manera funciona todo alrededor del universo: la naturaleza, las sociedades, los planetas... todo. Pero te quiero repetir una vez más, aunque suene tedioso y cansado, no me creas, es sólo algo que tal vez sea verdad, digo tal vez, porque cuando me di cuenta de esto muchas cosas cambiaron en mi mundo; pero quizá sólo fue mera coincidencia.

Información al respecto abunda. Tu propio interés hará aparecer a los maestros en tu vida. Consulta a Fred Alan Wolf, a Stuart Hameroff o a Masaru Emoto; cualquier libro de ellos te remitirá a lo que te acabo de decir.

Perdón por mi insistencia, pero repito, no soy

ningún maestro, y mucho menos un hombre de ciencia que te pueda hablar profundamente sobre el tratado magnético y eléctrico. Todo lo que te quiero platicar es lo que yo, con mis limitaciones, he entendido y he concebido respecto al tema; lo que he comprobado, sólo en mi existencia y que trato de transmitirte.

Ahora bien, ¿qué es el magnetismo al que me refiero? ¿Dónde está en el cuerpo?

La fuerza magnética (que junto con la fuerza eléctrica son las que hacen que todo el universo, al igual que nuestro cuerpo físico, exista y se mueva) se halla en el otro hemisferio del cerebro, en la contraparte del masculino, que es donde vive o nace la electricidad. El magnetismo se encuentra en el hemisferio femenino; y el hemisferio femenino está directamente ligado al corazón. El magnetismo, a diferencia de la electricidad que te hace vivir o moverte hacia algo, te hace identificarte con algo.

Es importante aclarar que estas fuerzas, si bien una es de origen masculino y la otra de origen femenino, nada tienen que ver con la sexualidad. En ambos sexos existen dichas fuerzas, pero al hablar de "femenino" y "masculino" me refiero a la naturaleza de su origen; exactamente igual que todo lo que nos rodea en el planeta contienen dos naturalezas, dos complementos. El fin último es el equilibrar esas dos fuerzas, ya que hay personas que siempre tienen más desarrollado uno de los dos hemisferios cerebrales; por lo general, es el masculino.

En *Transforma tu realidad* hablo acerca de esto, y es importante que lo entiendas, ya que nada tiene que ver con los esquemas estereotipados que el modo de pensar convencional le ha dado a lo que es femenino y lo que es masculino.

El magnetismo es la fuerza que hace brotar lo más puro que hay en ti. Es la fuerza que identifica tu esencia con todo lo que te rodea en el mundo. Es lo que hace que se ejerza tu razón de ser aquí en la Tierra.

El magnetismo del que te quiero hablar, igual que la electricidad, va más allá del mundo científico que ha producido miles de conocimientos, miles de libros e investigaciones respecto a este fenómeno de la materia; es mucho más que el fenómeno de los imanes, o lo que la ciencia nos dice de los electrones y un campo magnético.

El magnetismo —a diferencia de la electricidad que va mutando o cambiando de interés, por así decirlo— es siempre uno, ya que es la esencia natural del papel que te corresponde representar en esta realidad.

Para que me entiendas: un pájaro siempre sabe lo que va a buscar para alimentarse, para sobrevivir, para permanecer y cumplir su función de pájaro. En la ciudad (refiriéndome a los pajaritos que todavía viven en la Ciudad de México), ese pájaro tiene a través de su existir una fuerza magnética que lo hace identificarse con sus necesidades. Ésta le dice qué es lo que va a comer o qué tipo de alimento necesita y puede consumir; le va a dictar la sabiduría necesaria para fabricar un nido y en qué lugar montarlo. Es un instinto natural, es la fuerza magnética nacida en su ser. Un pájaro no toma cursos de montaje de nidos, no tiene ego. El ego no le dice: "Tienes que saber esto y aquello para subsistir en este mundo tan peligroso y competido por tantos pájaros, sobre todo en una ciudad como la Ciudad de México, tan peligrosa. Ten cuidado, es muy difícil subsistir". No, el pájaro simplemente hace lo que su fuerza y sabiduría le están dictando.

Si bien eso que te acabo de mencionar sobre el ejemplo del pájaro se puede llamar *instinto animal* y aunque, obviamente, el organismo del pájaro es muy limitado respecto al nuestro, la fuerza que desempeña un papel fundamental en todo ese comportamiento de instinto y supervivencia es de origen magnético.

Hablando en términos de nuestro cuerpo físico humano, el magnetismo es esa fuerza que hace que todos tus intereses, que van de acuerdo contigo, se manifiesten en tu apetito y gustos por las cosas, las personas, los colores, los aromas, los sabores... todo. A diferencia del ego (de la mente, del capataz) del que te acabo de hablar, el magnetismo siempre sabe lo que quiere y lo que es mejor para ti, debido a que es la esencia de tu ser.

Es la parte que, traducida en términos prácticos, genera en tus decisiones y acciones de vida eso que podríamos definir como *intuición*, que sabe lo que más te conviene. Es la parte que en realidad da los mensajes correctos para ti. El magnetismo es la fuerza que te habla a través de diversas formas para hacerte descubrir lo que quieres alcanzar o perseguir como objetivo.

Es algo que viene contenido en ti desde el día que naciste; es algo genético, a diferencia de la electricidad, que puedes transformar y cambiar.

El magnetismo, como te mencioné, está relacionado con la parte de nuestro cerebro que está conectada al corazón: lo femenino. Esa parte femenina está, a su vez, conectada con tu ser superior (más adelante te lo explico); se vincula con la fuerza de Dios, con los sentimientos que te hacen elevarte como ser humano; sentimientos de bienestar, de amor, de ternura, de ayuda, de inspiración, de creatividad.

No es que el otro hemisferio cerebral (el masculino) sea malo o sea todo lo contrario a estos sentimientos que acabo de mencionarte, no. Simplemente es el lado racional.

La parte femenina de tu cerebro, la magnética, lanza sus mensajes a través de tu cuerpo en diferentes zonas y células también, igual que la electricidad;

sin embargo, el malestar, por así decirlo, que experimentas cuando estás en contra de tu propia naturaleza es más evidente en tu cuerpo físico. Te apuesto lo que quieras a que lo has comprobado en más de una ocasión. Estoy seguro de que alguna vez has deseado algo que alguien más tiene, algo que tú quisieras tener, pero en el fondo sabes, sientes, que no te hará feliz. Percibes un malestar que no sabes definir, un vacío que no sabes explicar, eso sucede porque vas en contra del magnetismo. Al igual que cuando te encuentras en compañía de una persona con la que no te gusta estar, y aunque el ego te dice miles de cosas buenas acerca de esa persona o miles de virtudes, por dentro hay algo que no te deja sentirte cómodo o cómoda, pleno o plena; entonces decimos: no hay química. Es similar a cuando vas a un lugar, que puede ser el más hermoso para todo el mundo, pero para ti no, simplemente ahí te sientes incómodo.

Esos mensajes son producidos por la fuerza magnética, que es parte de tu naturaleza más pura, y de alguna forma te indica lo que es correcto para ti de acuerdo con lo que es tu misión en la Tierra.

¿Me explico?

Retomo el ejemplo de los pájaros en la Ciudad de México: ellos hacen lo que su poder magnético, su naturaleza, les indica; viven como parte de un gran orden universal y de acuerdo con ritmos y principios muy marcados, de gran sabiduría. ¡Míralos! Se levantan con la salida del sol, se duermen con la puesta. Salen a vivir, a ser plenos, a buscar su alimento y a ir de árbol en árbol recolectando lo que la Madre Tierra les ofrece cada día y regresan satisfechos de haber cumplido con un ciclo y un balance perfecto hecho por una fuerza mucho mayor que mantiene el orden y el caos en equilibrio. Pueden perder su hogar, su nido, pero saben que podrán formar otro. No están enfermos por los mensajes transformadores de células, no sufren de cáncer. ¡Simplemente son! Están conectados con el Todo.

Su gran ventaja es que no tienen que lidiar con el ego, a diferencia de nosotros que supuestamente somos criaturas "superiores" Esto al mismo tiempo es una desventaja pues no tienen libre albedrío ni poder de manipulación sobre su electricidad o explotación de su magnetismo. Nosotros los humanos sí tenemos ese libre albedrío. Desafortunadamente la mayoría, no digo que todos, pero sí la mayoría, lo hemos utilizado mal.

Pero ¿cómo afecta este poder magnético a tu cuerpo físico?

Aparte de los "malestares" que puedes llegar a sentir, como los que te mencioné, cuando no estás a gusto con alguien, con algo, o en algún lugar. Es obvio que si mantienes tu vida en contra de tu naturaleza —que tiene la información o el criterio para hacerte sentir bien en todo tu entorno de esta realidad tridimensional— estarás manifestando ciertos sentimientos que tu cuerpo traducirá en simples gripas, dolores de extremidades y hasta cáncer también.

Haz de cuenta que, igual que en el ejemplo que te mencioné del "capataz" (cerebro) y los "obreros" (células), hay otra empresa, otra fábrica u otra granja, que también está situada dentro de tu cuerpo, sólo que aquí la mecánica es un poco distinta. En esta fábrica también hay obreros (células) y un capataz (cerebro, en el hemisferio femenino; ¿recuerdas?); aquí los obreros también esperan órdenes pero el capataz, a diferencia del que trabaja con la electricidad y que decide qué impulsos quiere seguir enviando, sólo les dice a sus obreros "Susanito está yendo en sentido contrario", o les señala "Susanito está con alguien que no lo hace feliz", o bien "Susanito está haciendo cosas que no van de acuerdo con su ser". Entonces los obreros, las células (por cierto, diferentes a las obreras de la fábrica de la electricidad) comienzan a trabajar en contra de su misma naturaleza. ¿Cuál es su naturaleza? Simplemente la perfección, la salud; hacer su tarea de procesar, asimilar nutrientes, oxigenar, etcétera; ésa es su naturaleza. Cuando Susanito vive en contra de su naturaleza, de sus principios más elevados, de su misión terrestre única e incomparable con la de alguien más, sus células empiezan a trabajar en su contra. Su organismo trabaja en su contra. Su sistema inmunitario, que por naturaleza trabaja a la perfección —debido a que nuestra naturaleza como seres vivos es estar saludables, pues fuimos creados por principio totalmente perfectos, sanos—, deja de funcionar. Que nosotros nos enfermemos es otra cosa, pero en verdad, literalmente, nosotros nos "autoenfermamos". Nosotros inventamos el estrés o los motivos para que exista. Hemos desarrollado, inventado y hasta diseñado virus y bacterias. Nosotros hemos sido responsables de la autodestrucción celular en nosotros mismos.

Dios no hace cosas imperfectas; no hace cosas propensas a fallar; Él no hace cosas defectuosas. Somos nosotros los que ocasionamos todo eso. Cuando caminas en contra de tu más pura esencia, el sistema perfecto de inmunidad, de funcionamiento de tu cuerpo, comienza a manifestarse en "fallas", ya que estás caminando, con toda tu presencia, en dirección opuesta a donde deberías ir. Un ejemplo muy común de esto es la gripe; cuando te enfermas, es por esto. Cuando te da diarrea de la nada, es por esto.

No es por todo lo demás que te han hecho creer y grabar en los archiveros que existen en tu mente eléctrica-masculina-ego (recuerda los dos hemisferios). Estudios sobre este tema abundan, hay miles; quizás el más sencillo, más común y más al alcance, si te interesa, es el de Louise Hay, *Tú puedes sanar tu cuerpo*.

El mensaje que me gustaría transmitirte en este aspecto es que el magnetismo funciona como el indicador de lo que eres. Siempre estarás sano cuando estés haciendo lo que te gusta hacer, lo que vibra contigo, cuando estás con quien te hace vibrar, cuando estás balanceado y consciente, aunque sea por pequeños instantes de tu existir. El magnetismo en nuestro cuerpo físico es el que nos mantiene en la dirección correcta, con vitalidad. Te lo repito: ¡Tú lo has experimentado millones de veces!

Pero hay que tener cuidado en no confundir los mensajes del magnetismo con los mensajes de la electricidad. Te preguntarás cómo. La respuesta son dos palabras clave: *fluir* y *conciencia*. Pero ya te hablaré de ellas más adelante. Por ahora sólo me gustaría que entendieras cómo funcionan dentro de nuestro cuerpo físico la electricidad y el magnetismo a grandes, muy grandes rasgos.

Así como la Tierra (el macrocosmos) al girar sobre su eje cambia su estado al recorrer las horas del día, de la luz a oscuridad y al girar alrededor del sol y transita por diferentes climas o temporadas, de igual forma sucede en nuestro ADN (microcosmos). Tanto en la Tierra como en nuestros cuerpos, estas fuerzas —el magnetismo y la electricidad— son los motores que hacen absolutamente todo. En el principio la Tierra era perfecta, igual que nuestro cuerpo, pero hemos alterado significativamente su electricidad mediante la contaminación y otros factores emocionales y políticos; su magnetismo, nunca. Ella sigue haciendo los mismos movimientos de traslación y rotación, ésa es su misión, está en su sabiduría divina.

En cambio, nosotros no sólo alteramos la electricidad en nuestros cuerpos, sino también el magnetismo. Queremos hacer cosas que van en contra de nuestra naturaleza, como imitar a otras personas porque envidiamos su éxito y pensamos que debemos hacer lo mismo para ser triunfadores. Eso es ir en contra de la naturaleza propia. Imagínate que la Tierra tuviera envidia de la órbita de Marte. Sería el caos más grande.

Para terminar de hablar de lo que es el cuerpo físico sólo quiero decirte que tú siempre estás a cargo de todo. Conforme seas consciente sabrás mucho más de cómo funciona en realidad tu cuerpo; y como funcione tu interior, funcionará el exterior en todos los casos habidos y por haber.

Hay algo que en lo personal me encanta como tratamiento para balancear la fuerza magnética y la eléctrica: las flores de Bach. Descubiertas por el doctor Edward Bach, estas esencias no sólo te ayudan a hacerte consciente del tipo de mensajes o impulsos que estás enviando a tu cuerpo mediante la electricidad, sino que también hacen que tu magnetismo se manifieste aún más, que fluyas y que tengas control sobre tus dos hemisferios cerebrales, que logres reconectarte con el auténtico magnetismo o naturaleza de lo que es tu vida.

Si te interesa esto puedes acercarte a un terapeuta especializado en flores de Bach o consultar la bibliografía disponible al respecto. Como todo: si esto es acorde a tu magnetismo, y así debe ser, se te presentará alguien o algo que te llevará en esa dirección.

Ésa es la magia de la vida que, como he tratado de platicarte, se basa en las dos fuerzas que someramente te he descrito.

Ojalá percibas que tu cuerpo no está separado de lo exterior ni de la Madre Tierra. Todo lo contrario, somos una partícula de un todo que funciona con ritmos, con ciclos y con términos muy sabios. El macrocosmos es igual al microcosmos. La nave con la que llegaste y tienes en tu poder es perfecta. Tu cuerpo es perfecto; sin importar la apariencia física que tenga. A eso no me refiero. Quiero decirte que cuentas con absolutamente todo lo necesario para poder desarrollar tu misión y experimentar la vida en plena salud. La enfermedad es sólo un concepto nacido en el ego, nacido bajo los esquemas de esta supuesta realidad, porque en tu verdadera realidad eres sano completamente.

El fuselaje (el cuerpo físico) con el que fuiste equipado es ideal para cruzar los cielos que sólo a ti te tocó surcar, para llevar a cabo los viajes que tienes que hacer. Tu fuselaje está preparado para resistir cualquier turbulencia.

EL CUERPO MENTAL

El cuerpo mental es quizás el más complejo y poderoso de todos: es el que más interviene en nuestra vida, ya que le permite al ser humano razonar, pensar, tener conciencia de que existe. Al analizar el cuerpo físico te hablé un poco de la mente, pero sólo por su relación con la electricidad y el magnetismo. Ahora te hablaré de aspectos más específicos y complejos del segundo cuerpo que compone tu ser. Los animales y los hombres tienen en común un cuerpo físico y un cuerpo etérico, pero los primeros carecen del cuerpo mental. Se supone que el hombre se diferencia del resto de la creación porque piensa.

En otras palabras y para ponértelo más claro: la mente es la creadora de toda tu "realidad". De hecho este cuerpo, el mental, es el que tiene más poder actualmente en la mayoría de los seres humanos, él decide qué es cierto y qué no es cierto para ti (conste que dije *decide*, o sea, que le estoy dando el rango del que tiene el control). Este cuerpo es el que a final de cuentas te va a mantener con salud o enfermo, pobre o rico.

Debes entender que para acceder a niveles más altos de conciencia tienes que controlar a tu mente; de otra forma ella decide, aunque creas que tú tienes el control. Pero ¿sabes por qué te controla? Por la naturaleza de su electricidad, ésa de la que te hablé anteriormente; el cuerpo mental trabaja con lo que tú lo has alimentado.

La mente es como una computadora, sólo funciona con base en los archivos de información que alguien le ha insertado al programarla; sólo trabaja con lo que conoce. Tu mente también trabaja con aquellas cosas que has decidido (la mayoría de las veces inconscientemente) que son ciertas para ti: las cosas que has escuchado decir a otros, que has visto, leído y/o vivido. Tú mismo has guardado toda la información que hace que vivas de la forma en que lo haces actualmente. Has enviado el archivo más grande del universo (el ego) a la mente para que trabaje y represente la realidad que estás experimentando.

También me he referido anteriormente a la mente como el lugar donde habita el ego, pero ¿qué es exactamente el ego? El ego no es ni bueno ni malo, es sólo una gran herramienta; es tan sólo un compañero que puede ser excelente o el peor de todos, eso depende de un solo factor: qué tan atento estás de lo que dejas que entre a tu mente.

Como el ego vive dentro de tu cuerpo mental, es el que te enferma, el que te bloquea o te sabotea; pero no porque sea malo por naturaleza, sino más bien por lo que tú le has dado para que trabaje. Él hace el papel de "protector" o consejero ante cualquier situación.

¿Recuerdas el ejemplo de la palabra *agua* que te mencioné? Cada vez que oyes esa palabra, viene a ti el flujo de información que está a tu disposición sobre ese concepto, todo lo que has archivado sobre el agua; eso sí, interpretado por el ego de acuerdo con las sensaciones negativas o positivas con que le hayas enviado esta información. Tal vez tengas mucha información archivada sobre algo como el concepto *agua*, pero ¿qué pasa si se te presenta el concepto *Andrómeda*? Tal vez sólo sepas que Andrómeda es una galaxia, pero en general es desconocida para ti. Entonces, suponiendo que de repente te pudieras ir de vacaciones a Andrómeda, ¿qué crees que pasaría?

Pasaría que todo sería nuevo para ti porque nunca antes habías escuchado de aquel lugar, lo experimentarías alerta, descubriendo cada instante algo nuevo como cuando eras niño y comenzaste a conocer el mundo que te rodeaba.

¡Así, mi amigo o amiga, es como debes vivir cada instante de tu vida!

Porque sólo así estás siendo consciente de todos y cada uno de tus sentidos; estás alerta, sin prejuicios de que algo es bueno o malo para ti, sin juzgar nada antes de experimentarlo. Te apuesto lo que quieras a que la experiencia en Andrómeda sería la más plena que hayas tenido jamás en tu vida y estaría llena de salud, porque por tu propia cuenta estarías archivando en el "disco duro" de tu mente todo lo que estás encontrando allí.

Desgraciadamente, desde que llegaste a este planeta, desde que naciste, los adultos a tu alrededor te han dado información que para ellos es verdad, pero para ti tal vez no lo sea; información que quizá no se ajuste precisamente a lo que en realidad eres. A lo que voy es que la mente sólo funciona con lo que conoce, es decir, vive con referencia, siempre, siempre, siempre al pasado.

La mente, el ego, sólo existe con lo que archiva. Es importante que entiendas esto, ya que la mente es la que más pesa en todos los aspectos de tu vida; es la que tiene una voz más fuerte; es la causante de todo lo que está aconteciendo en tu propia realidad. El cuerpo físico es controlado por ella. El cuerpo etéreo existe, está ahí, pero no puede percibirse si tú sólo crees en la fuerte voz de la mente. Más adelante, cuando te hable del cuerpo etéreo comprenderás por qué es muy importante saber esto.

Debido a que la mente sólo funciona con referencia al pasado, por lo que has escuchado, visto, leído o creído como cierto, quizá te vaya a remontar a cosas que no necesariamente resultan las verdaderas para ti. Por ejemplo, tú no tienes que enfermarte de lo que alguien se haya enfermado por consumir la misma comida; cada quien tiene su propia manera de existir en el mundo, cada quien reacciona de manera diferente, incluso a la comida; entonces, te enfermarás sólo si haces caso y crees que lo que enfermó a alguien más también te va a enfermar a ti. Esos patrones de información grabados en tu mente son los que hacen que tu realidad sea como es hoy en día.

Claro que hay cosas que son obvias. Si sabes de alguien que agarró dos cables pelones de un poste de luz y se electrocutó, si haces lo mismo, lo más probable es que a ti te pase también. Me imagino que tienes sentido común y sabes diferenciar las cosas que te estoy tratando de decir; cosas referentes a las enfermedades, a la pobreza o riqueza, a la felicidad, el amor de pareja, al éxito o fracaso... cosas que la mente puede afectar.

Debido a estos patrones, mediante los cuales funciona la mente (el ego), es que existen personas "ventajosas" que manipulan a miles de personas y utilizan las carencias de las masas (de cualquier índole) para fines personales. Por eso existen los partidos políticos, los lidercillos de movimientos seudosociales, los "guías" de creencias dudosas y demás personas que aprovechan el funcionamiento y condicionamiento de patrones archivados en nuestras mentes desde hace millones de años. Si eres un poco honesto contigo y analizas esto, si analizas el proceso de tu mente, te darás cuenta de que lo único que te tiene con miedos es tu mente. Lo que es aún peor, tu mente te envía estos miedos por experiencias y creencias contadas por alguien más, no tuyas.

Se me hace ridículo que la gente siga creyendo en aquellos que dicen saberlo todo, o que tienen según ellos la panacea para arreglar algo, o para mejorar tu situación económica, social, política o emocional. Ellos existen gracias a la falta de conciencia que nosotros presentamos ante la vida, ¡es verdad!

Al leer esto puedes pensar que soy igual, que trato de venderte una ideología o que quiero que me hagas caso a mí. Pero eso no... NUNCA. Te repito: yo sólo hablo de mi experiencia, a mí no me creas. ¡Experiméntalo, vívelo tú mismo! Sólo tú tienes la razón. Si sientes que lo que digo no es verdad, entonces yo estoy mal. El único que está bien serás tú; pero eso sí, que lo que almacenes en tu mente sea por tus propias vivencias y experiencias, de eso depende absolutamente todo.

¿Y sabes por qué? Porque aunque haya fuerzas más poderosas en el universo, como el amor, o la fuerza de una mente superior, como la de Dios, no intervendrán en tu vida por una simple razón: EL LIBRE ALBEDRÍO. Lo que significa que estás, en todo momento, decidiendo qué es lo que a ti te sucederá y qué no. Tú estás decidiendo creer si esto que te digo es para ti o simplemente es una mala película y de nada servirá a tu cuerpo etéreo ni a la perfección de tu cuerpo físico, porque el que está teniendo el control eres tú, claro, mediante tu cuerpo mental.

Como decía Einstein: "La imaginación es más importante que el conocimiento", y claro que tenía razón. El conocimiento intelectual no significa madurez ni inteligencia. Te lo voy a explicar, porque posiblemente digas: ¡Qué imbécil es este tipo!, ¿y todos los científicos y libros que existen? Y tienes toda la razón, pero todo lo que ha sucedido en este planeta en cuanto a inventos y descubrimientos ha sido por la creatividad; la creatividad es invención, es hacer algo completamente nuevo de la nada. Eso sólo se puede realizar cuando te conectas con la mente divina. Conectarse con la mente divina es vaciarte de prejuicios para poder ir al futuro, si así lo quieres llamar, y regresar al presente. Pero la mente, como ya te mencioné, sólo funciona con las cosas que ha conocido del pasado inmediato (ayer) o remoto (hace años).

Claro que agradezco y apoyo a todos aquellos investigadores e intelectuales que han estudiado tanto, y claro que amo los libros; muchas cosas las he aprendido de ellos. Pero este aprendizaje lo he tomado como un punto de partida, nunca como algo establecido para siempre, ya que lo que podemos descubrir mediante los conocimientos de alguien más, de otros humanos, es limitado.

Si a ti te interesa la arquitectura, podrás leer los millones de libros que hay sobre la materia, ir a cursos, diplomados y aprender todas las técnicas que hay para hacer un edificio; aun así nunca podrá estar todo dicho sobre la arquitectura en el mundo. Siempre habrá alguien más que entre a ese maravilloso mundo creativo y traiga una nueva forma de hacerlo. Ésos son los artistas, los revolucionarios, los soñadores, los que cambian el mundo. Ellos conocen lo que existe en el área que les interesa, pero sólo lo toman como punto de partida, no como algo que sea ley. Es más, hay una infinidad de personas que ni siquiera conocían sobre equis tema y aun así crearon algo nuevo. Vean la historia de Einstein, de mi amado maestro Jesús, de Buda o de Walt Disney. Ellos trajeron algo nuevo al mundo, ellos supieron que la mente es un instrumento, el más poderoso, para decidir cuál era el camino que querían seguir.

La verdadera inteligencia consiste en crear algo nunca antes visto ni vivido en tu vida y en la de los demás, a partir de lo que ya conoces pero dominando a tu mente; que tu mente no te domine a ti. Es por eso que este cuerpo, el mental, quizá sea el más importante y decisivo. Es el que te mantendrá atado o te dejará volar. Es el que produce los miedos, el que bloquea la fe; es el que obstaculiza la creatividad, es el que calla al corazón... y el corazón pertenece al cuerpo etérico.

EL CUERPO ETÉRICO

El último de los tres cuerpos es éste, el etérico. Ya te expliqué lo que es el éter, pero el cuerpo etérico es mucho más que eso; en este cuerpo se conjunta una cantidad enorme de energías y sucesos verdaderamente maravillosos.

Una vez más reitero —al igual que en todo este libro—: sólo me gustaría compartir lo que he asimilado en el mundo y ponerlo sobre la mesa; no pretendo enseñarte nada ni crear una nueva teoría, simplemente quiero compartir contigo lo que he aprendido. En este proceso de aprendizaje, de alguna forma mi percepción acerca de los cuerpos cambió. En *Transforma tu realidad* hablaba de cuatro cuerpos, en aquel entonces creía que el cuerpo emocional era uno más, independiente de los otros tres; pero me he dado cuenta de que, en mi personal forma de creer, el corazón está íntimamente ligado a lo más elevado que podemos alcanzar como seres humanos en nuestro efímero paso por este planeta, a eso que vive con nosotros y por lo que fuimos creados. Me refiero a la parte divina, la parte de Dios que habita en cada uno de los seres humanos. Yo resumí todo aquello que tiene que ver con nuestra naturaleza como parte de toda la creación en el cuerpo etérico. Por lo que ahora considero al cuerpo sentimental junto con el etérico como uno solo.

El éter, que es todo lo que existe en el universo antes de verse, sentirse o percibirse materializado, reside en el cuerpo etérico; así que el milagro de la vida se mantiene en nosotros gracias a este cuerpo. ¿Te das cuenta del gran poder que nos envuelve? Éste es el cuerpo de energía que nos mantiene vivos. De hecho, cuando el cuerpo etérico abandona el cuerpo físico sucede lo que se conoce en este plano tridimensional como muerte.

En teoría, podría decirse que el cuerpo etérico es el más importante. Digo que "en teoría" debería ser el más importante porque, como te mencioné en páginas anteriores, al que más peso o importancia le damos en nuestra vida es al cuerpo mental. Lo reitero: en el cuerpo mental habita lo que es tu "realidad". Así que nada de lo que leas o investigues y vivas por tu cuenta acerca del plano divino servirá, debido a que tu mente simplemente no lo va a creer.

Y no lo va a creer porque tiene patrones de creencias muy arraigados. Entonces, creerás en las cosas de esta dimensión, regidas por el ego, hasta que llegue el momento en que comiences a basar tu vida sólo en las cosas que no se pueden medir, pesar, constatar; entonces comenzarás a encontrar la magia de la creación a tu alrededor.

En el antiguo Egipto se creía comúnmente que la humanidad poseía tres almas. Éstas eran denominadas el Ba, el Ka, y el Ib. El Ba era el alma-pájaro (el conocimiento y la conciencia); el lb era el alma-corazón (los sentimientos más puros relacionados con la fuerza de Dios como amor, ternura, compasión, júbilo, felicidad), el alma de pureza; y el Ka era el alma-vehículo o alma-doble. Los egipcios creían que se trataba de una imagen reflejo del cuerpo físico, pero compuesto de un material mucho más fino o sutil.

Este Ka sería reconocido de forma casi instantánea por un gran espectro de hombres iniciados en yoga en la India hace miles de años y por los tibetanos.

Muchos estudios esotéricos y corrientes filosóficas proponen que existe un gran número de cuerpos que conforman a cada ser humano, uno dentro de otro. La cantidad de cuerpos varía según el subsistema que se estudie. Es decir, dentro del cuerpo etérico, físico y mental, existe una enorme cantidad de cuerpos pequeños que se encargan de diferentes funciones.

En este libro estoy quizás omitiendo muchos detalles, y tal vez para diferentes estudiosos de todo lo que se refiere a la teología, esoterismo y física cuántica hasta estoy cometiendo un error enorme, pero te quiero platicar lo verdaderamente esencial en mi vida, lo que yo he comprobado y conocido. Si a ti te interesa todo lo referente a la energía que existe en tu cuerpo etéreo, podrás encontrar miles de libros y hasta chamanes que curan a través del cuerpo astral, que es como muchos llaman al cuerpo etérico.

Ahora debo hacer una aclaración que es de vital importancia: siento un profundo respeto por todas las religiones y lo que quiero comunicarte a continuación nada tiene que ver con alguna secta, religión o movimiento oscuro. Esto es lo que he aprendido y he constatado, muchas religiones lo mencionan, es conocimiento milenario. La mayoría de las religiones en el mundo hablan de todo esto, sólo que con otras palabras. Repito: nada tiene que ver con sectas o cosas por el estilo.

En el cuerpo etérico es donde funcionan las entidades llamadas ángeles y arcángeles; y el propósito de esas entidades es irradiar e intensificar las virtudes que traen felicidad como la pureza, el perdón y la misericordia.

En este nivel de tu ser, en este cuerpo, la conexión con el cuerpo físico reside en el hemisferio femenino, a diferencia del cuerpo mental, cuya conexión con el cuerpo físico está en el hemisferio masculino. Entiende, por favor, que lo femenino y masculino de lo que te hablo nada tiene que ver con cuestiones sexuales. El darle significado sexual a los términos femenino y masculino es propio del ego y a eso no me refiero; me refiero a las energías que viven en todos nosotros. En esa parte del cerebro, el hemisferio femenino, es donde se ubica la comunicación con el corazón.

A diferencia del cuerpo mental, que sólo "vive" con referencias del pasado, en el corazón se manifiestan todos aquellos impulsos, tanto eléctricos (que como ya mencioné, alteran en el cuerpo físico a las células) como magnéticos, que provienen del cuerpo físico.

El magnetismo, que es la esencia del hombre, es la esencia de todo. Nosotros contenemos exactamente los mismos elementos, átomos y compuestos que se hallan en toda la creación; tenemos la esencia de una fuerza creadora. Esa fuerza, como su nombre lo dice, crea; es decir, se expande desde su célula más pequeña. Al igual que el universo, está en constante expansión. Al igual que la naturaleza de la Madre Tierra, encuentra por todos los medios la vida. Si no me crees mira un terreno baldío: tiene una cantidad de hierbas que nadie sembró, ¿verdad? Deja un bote a la intemperie y le saldrá vida: hongos, hierbas, gusanos... vida... creación... expansión.

Tu naturaleza y la mía son exactamente iguales: buscamos la expansión, un mayor bienestar, la reproducción, la aceptación, la evolución económica, sentimental; perseguimos logros, metas, sueños... Todos de alguna u otra forma buscamos lo mismo y eso hace que compartamos esa esencia a la que me refería; compartimos la misma naturaleza y contenido químico, físico y etérico con el Creador. En esa búsqueda de algo diferente, algo que nos traiga júbilo y paz, es que somos creadores. Vemos hacia algo que aún no existe, pero nos gustaría que existiera. Incluso aquellos que matan, roban, secuestran, lo están buscando, sólo que de una forma totalmente cegada por el ego y los miedos; pero buscan exactamente lo mismo que tú y que yo: algún día conseguir paz, amor y plenitud.

¿Sabes por qué? Porque tienen la chispa divina que todos por naturaleza contenemos. El corazón sigue haciendo su trabajo y no deja de hablarnos. El corazón nos anima a soñar y volar. Los ángeles se hallan precisamente allí y es su función fortalecer esos mensajes.

Lo que trato de explicarte es que en el cuerpo etérico es donde están las emociones más puras del ser humano. No tengo que hacerte una lista de ellas, tú sabes perfectamente bien cuáles son porque las has sentido miles de veces. Aunque a veces seamos tan soberbios que las negamos o aseguramos que nuestra vida es tan desdichada que nunca las hemos sentido, yo sé que en realidad todos las hemos experimentado millones de veces, no miles... millones de veces tan sólo en un año.

Lo que sucede es que creemos que todas las otras sensaciones que experimentamos son emociones, pero en realidad son mensajes del ego. Confundimos esos mensajes con emociones y les prestamos más atención. Debo dejar claro algo: la emoción se produce en el corazón; y el corazón, por naturaleza de creación, como ya te expliqué, sólo produce, almacena y siente aquellas emociones que te elevan como ser humano, que te hacen seguir tu destino divino de alcanzar una evolución espiritual. Esto no quiere decir que seas monje; simplemente quiere decir que tu fin, el mío, el de todos, es superar el nivel mental en el que vive la raza humana, superar el ego y escuchar al corazón, resonar con las leyes más básicas de la creación, tal cual es nuestra naturaleza.

Desafortunadamente escuchamos más fuerte la voz del ego. En el ego se producen mensajes, no emociones; se generan mensajes como odio, rencor, envidia, tristeza, melancolía, celos, resentimiento, inseguridad, etcétera, que a final de cuentas son mensajes de miedo. Como te dije, el ego siempre tendrá miedo porque sólo existe y trabaja con lo que ha almacenado, lo nuevo lo asusta. Cuando aparece en tu ser un mensaje venido del corazón, de tu cuerpo etérico, indicándote un anhelo, un "atrévete a hacerlo", es obvio que la mente lo sabotee, pues no acepta nada que no haya almacenado antes. El ego no acepta nada que no tenga que ver con su limitado conocimiento. Sin embargo, el corazón seguirá mandando sus mensajes y ¿qué genera esto en tu vida? Confusión, frustración y conflicto.

Esto traerá como consecuencia enfermedad en tu energía y en tu cuerpo físico, desde ejemplos vanos hasta ejemplos muy específicos y complejos. De hecho lo primero que se enferma es el cuerpo etérico y mucho después se enferma el cuerpo físico. Por eso te hablé del alma Ka o alma-doble de los egipcios, porque tu cuerpo físico es un reflejo de tu cuerpo etérico. Al verse bloqueada tu naturaleza —entiende, te lo suplico, tu naturaleza es encontrarte con las experiencias más puras, con todo el universo (te hablé de ello en el apartado del magnetismo)—, cuando bloqueas este impulso natural, tal vez porque escuchaste la voz del ego y el miedo, los mensajes de tu mayor bien no fluyen, se estancan. Eso perturba diferentes partes de tu cuerpo energético como los chakras. Como te dije en aquella ocasión, *chakra* significa rueda que gira. Hay siete chakras principales en nuestro cuerpo y su función es la de distribuir, absorber y transformar, para tu uso cotidiano, la energía universal que lo mantiene todo vivo. Esa energía es conocida como *prana* (los chinos le llaman *chi*). Rápidamente te recuerdo cuáles son los siete chakras:

1. Chakra raíz: está en la base de la columna vertebral
2. Chakra sacro: localizado en la región sexual-genital
3. Chakra umbilical o plexo solar
4. Chakra corazón: está a la altura de los pezones
5. Chakra garganta
6. Chakra frontal: localizado entre las cejas
7. Chakra coronilla: está en la parte superior de la cabeza (en la "mollera", como dirían mis abuelos)

En *Transforma tu realidad* explico qué rige cada uno de los chakras. También puedes encontrar esta información en infinidad de libros que existen sobre el tema. Lo importante aquí es que cada chakra procesa información que se relaciona de manera directa con las emociones que, como te dije, viven en el cuerpo etérico. Cuando las emociones son bloqueadas por las señales del ego, como el rencor, el chakra contraparte de esas emociones puras se bloquea. Por ejemplo, el miedo a perder algo material (un trabajo, dinero, una pareja... lo que sea que se pueda tocar y medir) será lo que bloquee la fuerza que por naturaleza maneja y rige el chakra del plexo solar, que a su vez rige la realización material. El bloqueo de este chakra por los miedos emitidos por el ego se puede traducir en una simple diarrea, ya que está en el área del estómago o hasta en un cáncer de alguno de los órganos en esa área.

A su vez, cada chakra está conectado con lo que se conoce como los siete rayos del universo. Los siete rayos son las fuerzas creadoras de todo lo que hay en el universo y, lo más grandioso, es que están a tu alcance y viven en tu cuerpo. Así como la luz se divide en siete colores a través de un prisma (ve la portada del disco de Pink Floyd, *Dark Side of the Moon*), el fuego solar de la divinidad se divide en siete rayos que llenan y crean todo.

Estos siete rayos, que los mayas conocían y los

griegos también, se pueden describir como los siete canales a través de los cuales fluye todo lo que existe en nuestro sistema solar. De hecho, no existe nada ni nadie que no haya pertenecido a uno de estos siete rayos. Los siete rayos son los aspectos, por así decirlo, del gran cuerpo de Dios, el Creador, el Gran Espíritu; Iahvé, Jehová, como quieras llamarle; y conforman, en nosotros los humanos, algo clave de lo que te hablaré más adelante, nada más ni nada menos que la CONCIENCIA. Los siete rayos son:

El primer rayo
Es el amor manifestándose como voluntad y poder.

El segundo rayo
Es el amor manifestándose como su más pura esencia, como amor-sabiduría (pero no sabiduría de almacenar conocimiento, no; sabiduría de la que te hablé anteriormente).

El tercer rayo
Es el amor manifestándose como inteligencia activa y adaptabilidad.

El cuarto rayo
Es el amor manifestándose como armonía, belleza y arte.

El quinto rayo
Es el amor manifestándose como ciencia, inteligencia concreta, sanación y música.

El sexto rayo
Es el amor manifestándose como devoción e idealismo.

El séptimo rayo
Es el amor manifestándose como orden y milagros.

Quizás ahora me entiendas mejor cuando te digo que el amor va más allá de un simple concepto estereotipado que la mente humana ha inventado. El amor es mucho más que "andar de manita sudada". Te han hecho creer que cuando dices "amor" eres cursi, que te refieres a un sentimiento que se siente por algo o alguien: por una pareja, por un hijo, por un familiar, por una mascota, y no, no. El amor es mucho más que eso. Como podrás ver, el amor es la fuerza más poderosa que hay en todo el universo; es lo contrario a lo que el ego y el humano han inventado, lo contrario a la destrucción. ¿Ves cómo el amor es más que lo que el ego inventó como concepto estereotipado? Sí, el amor a alguien es hermoso y es parte de nuestra evolución, pero es sólo una pequeña puntita del iceberg. El amor es inmensamente más grande.

En el ser humano los siete rayos influyen de manera múltiple en cada uno de nuestros tres cuerpos. Cuando vamos alineando nuestros vehículos (nuestros tres cuerpos) y nos convertimos en una persona integral, es decir, cuando tenemos equilibrados en el mismo nivel de importancia el cuerpo mental, el físico y el etérico, el rayo que comenzamos a irradiar subordina a los otros siete rayos y entonces recibimos la luz de otros rayos de otro nivel de existencia que desconozco. Lo único que sé es que comenzamos a recibir rayos de aspecto y otros de atributo, que nunca he experimentado, por eso no te puedo hablar de ellos. Los rayos y los chakras alimentan también otro aspecto del cuerpo etérico conocido como aura. El aura humana es la contraparte energética y el molde del cuerpo físico. Su función consiste en recibir impulsos de energía y dársela a tu cuerpo físico. En realidad no es otra cosa que energía compuesta por millones de hilos conductores, los cuales comunican las emociones del corazón con la energía de la mente; es la manifestación o radiografía de tu comunicación entre la mente y el cerebro; es la radiografía de tu alma, ya que tu alma será como la relación entre las partes de tu cuerpo físico (mente y corazón), electricidad y magnetismo, emoción y sensación de emoción.

Estas corrientes de energía o comunicación entre una parte y otra tendrán efectos en tu cuerpo físico, poniéndolo en actividad de acuerdo con el tipo de energía que esté predominando en ese momento.

El aura es como nuestra piel, pero invisible (aunque muchos han desarrollado el poder de verla); es como la piel del alma, como la llama el maestro Omraam Aïvanhov. Así como la piel física es nuestra protectora en el mundo visible, cuando tenemos un aura fuerte y luminosa nada negativo puede penetrar en nosotros. El aura es como la atmósfera del planeta Tierra que lo protege de radiaciones y partículas nocivas.

Espero que ahora comprendas, aunque sea someramente, de todo lo que estás equipado, que conozcas todo el equipo maravilloso y balanceado que contiene tu nave en esta realidad. Todo depende de todo, no somos seres aislados. La medicina alópata dicta que el cuerpo es sólo consecuencia del cuerpo, pero no es así.

Tenemos que conocer los tres cuerpos que llevamos como equipo para cruzar el mundo. Yo he encontrado, particularmente en una escuela, la mejor herramienta para equilibrar estos tres cuerpos. No es fácil, no lo he logrado al cien por ciento porque esto requiere trabajo diario.

No me gustaría hablarte mucho de esta escuela porque podría parecer que estoy tratando de convencerte de que hagas algo que a mí me funcionó. Tú sabes que ése nunca será mi interés. Pero sí te comento que encontré algo hermoso en el milenario conocimiento impartido por mi amado maestro Drunvalo Melchizedek: un libro que se llama *El secreto ancestral de la flor de la vida*. No abundaré mucho en el tema, pero este libro es una bendición que Dios me ha dado para platicarte lo que a mí me ha funcionado. Obviamente, no tengo que repetirte que, por favor, no me hagas caso, compruébalo tú mismo.

La flor de la vida es la geometría sagrada que vive en el universo. La geometría sagrada es el entendimiento profundo de los códigos que dan forma a la vida y a la creación de esta realidad. Es comprender la huella digital de la Divinidad para crear esta obra llamada vida. Cuando se estudian las geometrías que sustentan desde la constitución de un átomo hasta nosotros mismos, pasando por todas las manifestaciones de la creación, con el propósito de comprender la obra de Dios, entonces, éste se vuelve un estudio sagrado.

La proporción áurea, la espiral Fibonacci, los sólidos platónicos, etcétera, son elementos de estudio de la geometría sagrada, que resultan en la traducción por parte del intelecto de la base común que conforma toda la vida, promoviendo la activación y el empoderamiento del cerebro intuitivo o femenino y la apertura del corazón.

Ahora que te pude platicar un poco sobre lo que es tu nave, te puedo comentar que hasta este punto se puede despegar; no antes.

Despegue

Quizás uno de los sonidos que más provocan emoción en mi vida es el de las turbinas de un avión justo antes de despegar, cuando se oye toda la fuerza que hay en esa máquina unida para hacer que ese gran tonelaje se levante del piso. El sonido de las turbinas anuncia el inicio del cumplimiento de la función para la que fue creado el avión: volar. Toda la ingeniería, toda la invención de las grandes mentes que concibieron y perfeccionaron los aviones, se escuchan resonando en ese punto, en el que más potencia se requiere en todo el ciclo de utilidad en un avión.

Despegar es algo que hace unos siglos se pensaba imposible debido a la fuerza de gravedad existente en nuestro planeta; las mentes que hicieron posible que los aviones vuelen fueron capaces de desarrollar algo nuevo a partir de lo conocido, porque siguieron su poder magnético, se conectaron con la creatividad, esa fuerza de la que ya te hablé y te dije dónde está localizada. La analogía del despegue de un avión tiene que ver mucho con la vida común de alguien como tú o como yo.

Yo lo veo como un milagro. Déjame explicarte por qué. Un milagro es, tomando en cuenta su raíz etimológica del latín, *miraculum* (que deriva de *mirari*, asombrarse), es un hecho admirable. Además me gustaría contarte cómo es que suceden los milagros, esos hechos admirables. El milagro no se produce por un factor externo o una entidad fuera de nosotros, como afirman muchas religiones, filosofías o civilizaciones. Si recuerdas lo que traté de explicarte dentro de mis limitadas posibilidades, cómo es que funciona nuestra nave, con la cual todos venimos equipados, podrás darte cuenta de que todo lo que existe en el macrocosmos, ya sea planetas, galaxias, países, mares, bosques, existe de la misma manera en el microcosmos, en cada ser vivo del universo, en cada uno de sus tres cuerpos (físico, mental y etéreo). Por lo tanto, el milagro se lleva a cabo dentro de nosotros y por nosotros.

Nunca va a bajar un ángel o Dios con una maleta llena de billetes para resolver tus problemas económicos. El milagro ocurre cuando cambias por completo tus patrones mentales, cuando conoces las fuerzas que rigen tu entorno en los tres cuerpos, cuando te das cuenta de que estás interconectado a todo lo que te rodea y empiezas a relacionarte con el dinero de forma creativa. El milagro ocurre cuando rompes con las creencias que te han llevado a las crisis, a las enfermedades y a todo aquello que quisieras cambiar por derecho y por naturaleza, de la cual te hablé también.

Un milagro es cambiar por dentro para que absolutamente todo tu entorno cambie y el proceso de percibirlo es casi inmediato. Cuando una persona se enferma, pide a alguna entidad de acuerdo con sus creencias religiosas (como te he dicho, todas son totalmente respetables) que le haga el milagro de curarlo; pero el milagro ocurre hasta que la persona enferma comienza a darse cuenta de que hay algo más: una voz de entusiasmo que comienza a escucharse más fuerte que los esquemas archivados por el ego respecto a la enfermedad. Lo mismo sucede con la crisis, las relaciones, o cualquier otra cosa que pueda existir en tu mundo que te impida ser feliz. El milagro es creer y evolucionar de una forma completamente distinta a como lo hacías cuando te enfermaste o cuando fracasaste en algo.

Estoy seguro que en tu vida has recibido una gran cantidad de milagros, has enfrentado situaciones y has recomenzado muchas veces pensando, creyendo y actuando de diferente manera. Eso es un milagro: comprender el poder y las energías que se hallan dentro de ti y que has utilizado hasta hoy, aunque quizá de una forma no muy consciente.

Por eso el despegar de un avión es para mí un milagro, porque hacer que el hombre pudiera volar fue un cambio por completo de pensamiento, de la creencia que se tenía antes de la invención del avión.

Lo más importante que hay que entender de un milagro es que éste nunca ocurrirá desde el plano o cuerpo mental; jamás sucederá si sólo usas tu mente para buscarlo; para que el milagro se dé tienes que usar tus tres cuerpos. Para que en verdad puedas recibir un milagro, en cualquier área de tu vida, hay que saber identificarse con esa voz que sale de tu corazón (como ya te expliqué), con la fuerza magnética que habita en tu cuerpo físico y que se halla en tu cuerpo etérico.

Tienes que saber identificarte con lo que realmente eres, con tu misión. No nada más desear el milagro por cuestiones de imitación, por cansancio de una circunstancia o por capricho propio. Tienes que buscar más allá de la mente acostumbrada a las recompensas, tienes que sentir la enorme satisfacción que te hará seguir adelante por un fin que está relacionado con tu ser. De otra forma nunca ocurrirá el milagro.

Un avión nunca despega si no sabe primero a dónde se dirige. En tu vida también es importante que descubras a dónde vas. Tal vez haya situaciones que no te gusten, que sean incómodas, tristes, pero son pruebas a superar para que en verdad descubras cuál es el punto al que quieres llegar. Sólo hallarás el rumbo correcto para llegar a tu destino ideal en lo más profundo de tu mente femenina, de tu magnetismo, de tu ser superior (ya te hablaré de lo que esto significa). Esto también lo has comprobado miles de veces, quizás hayan sido vuelos cortos, pero lo has hecho. Cuando sabes a dónde te diriges, despegas sin contratiempos, sin turbulencia y llegas rápido a tu destino. Todo fluye, ya que vas acorde a tu fuerza magnética; la fuerza eléctrica (la mente) ya no te estorba porque fue dominada, ahora es la aliada de la fuerza magnética (el corazón) debido al poder que causó en ti la emoción de alcanzar algo. En este punto conjuntaste tus tres cuerpos para dar toda la potencia a tus motores y despegar con dirección quizás a algo material o quizá fue a conseguir un trabajo, a enamorar a alguien, a terminar la secundaria.

Nuestras vidas están llenas de despegues. Hemos comprendido, creído y confiado en la sabiduría de Dios. Cuando te alineas con tu esencia, cuando lo que persigues va de acuerdo con tu bien más elevado y acorde con lo que es tu naturaleza magnética. Para mí, despegar significa darte cuenta de lo que tienes en tu ser y utilizarlo para llevar a cabo tu viaje. El despegue que estás esperando nunca llegará del exterior. Nada empuja a un avión para que despegue; nadie va a venir a empujarte para que puedas despegar.

Puedes quedarte en el hangar y estarás seguro, no tendrás que llevar a cabo la "cansada y difícil" tarea de prender tus motores y poner toda tu atención en tus turbinas. Puedes seguir estacionado en tu vida, en tu hangar viendo pasar aviones que despegan y aterrizan, mientras te oxidas y culpas a todos y a todo de no poder despegar.

Igual que un avión, cuando comienzas el despegue, comienzan los riesgos; un avión puede quemarse, puede caerse a unos metros adelante, puede estrellarse, o tal vez que no pueda despegar por mal tiempo o por alguna falla en su motor izquierdo o derecho... pero nunca lo sabrás si sigues en tu hangar. Puede haber un avión que no despegue hasta el tercer intento, alguna avería debió de haber tenido su equipo y entonces tiene que entrar a reparación; pero las fallas del avión fueron descubiertas porque intentó despegar; ahora ya se sabe dónde las tiene, sólo es cuestión de arreglarlas.

El hangar al que me refiero, el que nos mantiene "bien estacionaditos", es el hangar de nuestra mente, del ego que te mencioné antes. Es un hangar lleno de prejuicios y miedos donde todos los aviones ahí estacionados se contagian de esos sentimientos. Es un lugar en el que los aviones supuestamente más "inteligentes" (con mucho conocimiento teórico y con muchos datos almacenados en el hemisferio masculino de sus cerebros) saben perfectamente cumplir su misión mediante el miedo. Esta misión es la de acaparar los cielos, pues creen que no será suficiente para todos, ¡qué tontería! Esos aviones me los imagino de color negro y con dientes filosos, ellos se encargarán de hacer que en el hangar donde nos encontramos bien "estacionaditos" haya sentimientos de ira, de envidia, de rencor y de enfrentamiento entre todos los aviones que se encuentran dentro del enorme, gigantesco hangar.

Me imagino al hangar muy grande, como un país, y esos dientudos aviones negros están en diferentes áreas, controlan grupos, sociedades de aviones; los agrupan por tamaños, colores, especificaciones. Esos aviones negros harán lo que esté a su alcance para que tú (un avión de color) no te des cuenta del poder que existe en tu equipo. Harán lo que puedan para que no te animes a ir a la pista de despegue. Te manipularán diciendo que la culpa es de aquel otro avión negro, que está a cargo de aquel otro grupo de aviones que sí despegan. Te harán sentir que necesitas al avión dientudo y negro porque te dirá que, si no lo sigues, si no lo apoyas, no alcanzarás nunca la pista de despegue. Te harán creer que necesitas que él te empuje para despegar. Por cualquier medio te harán distraerte de tu fin último.

Esos aviones negros y dientudos que controlan la salida del hangar harán que te pelees con los otros aviones que, como tú, también quieren despegar; te harán creer que existe una competencia para salir del hangar y que sólo unos cuantos podrán despegar;

cuando la realidad es que todos los aviones somos iguales, con las mismas características para volar. Claro, unos están equipados para llevar a cabo tareas más difíciles o vuelos más largos, así fueron diseñados desde un principio, porque cada avión fue construido para una misión específica.

Los aviones que controlan el hangar inventarán una serie de cosas con las que las computadoras (las mentes, los egos) de cada avión, de todos los aviones estacionaditos, se identifiquen; cosas materiales, conceptos, política y hasta futbol; todo. Harán todo para que tú no te des cuenta de que puedes prender los motores y animarte a salir a la pista de despegue. Harán todo lo que sea posible para que no sepas qué dirección debes tomar en tu vuelo, es más, para que ni siquiera sientas que fuiste hecho para volar.

Lo peor del hangar es que todos los aviones estacionaditos se contagian unos a otros, creyendo que es realidad lo que dicen los dientudos de color negro.

¿Esta analogía te suena parecida a algo? No, ¿verdad? Es sólo un mal viaje mío, no me hagas caso, te lo suplico. De hecho está tan lejos de la vida diaria que tal vez no debió aparecer en este libro. Sí captas el sarcasmo, ¿cierto? Estoy seguro de que tú ya has identificado a uno de esos aviones negros y dientudos en tu vida.

Todo tiene una razón de ser, todo es por ciertos principios de los que te hablaré enseguida, no sin antes aclarar algo: usé la palabra *negro* en la analogía anterior sin ninguna connotación racial, que se entienda, ya que siempre habrá quien lo malinterprete y quiera decir que soy racista. Si me conoces, sabrás que estoy contra la discriminación, pienso como Martin Luther King: lo que hace volar a un globo no es su color, sino lo que lleva dentro.

Ahora bien, para poder despegar o llevar a cabo el milagro, una vez que ya conociste tu equipo, tu nave, puedes comenzar a entender lo que necesitas cambiar, primero, en tu cuerpo mental; luego podrás saber qué necesitas dejar fluir en tu cuerpo etéreo, y el físico automáticamente cambiará. Existen muchas herramientas que te permitirán cambiar cada uno de los cuerpos o, mejor dicho, alinearlos, concentrar toda su fuerza en el despegue, tal como un avión lo hace. Existen ciertas reglas que es muy conveniente que conozcas. Esas reglas o leyes son universales e inquebrantables, funcionan en todos y en todo, son conocidas como los principios herméticos o siete leyes universales.

Fueron escritas por Enoch, a quien la Biblia nombra como el sexto descendiente de Adán. Enoch vivió trescientos años, fue el padre de Matusalén, quien vivió novecientos años. Enoch no murió, ascendió por orden de Dios y se convirtió en el arcángel Metatrón; es el único hombre que se ha convertido en ángel, bueno, en este caso en arcángel. En Egipto apareció como Tot, el que inventó la escritura, y en Grecia como Hermes (por eso se llaman principios herméticos), y se le conocía como Hermes Trimegisto (tres veces grande).

Enoch fundó la escuela Esenia a orillas del Mar Muerto, donde muchos teólogos del judaísmo, basándose en escritos antiguos, creen que el maestro Jesús fue entrenado durante el tiempo que no se supo nada de él. Enoch escribió una serie de tratados sobre geometría, cosmografía, astrología, tarot y matemáticas.

En Grecia, como Hermes, legó al mundo estas leyes universales que funcionan en todo lo que puedas percibir en la creación. Nadie escapa a ellas. Sólo me gustaría citar algo que dice el *Kybalión*, el libro donde se hallan estas leyes y que fue escrito y recapitulado por diversos maestros hermetistas:

> Los hermetistas, a lo largo de la historia, han permanecido retirados, silenciosos y sonrientes ante los esfuerzos de algunos que se imaginaban, en su ardiente entusiasmo, que podían forzar a una raza de bárbaros a admitir verdades que sólo pueden comprender los que han avanzado mucho en el sendero.
>
> El espíritu de persecución no ha muerto aún en la tierra. Hay ciertas enseñanzas herméticas que, si se divulgaran, atraerían sobre sus divulgadores un griterío de odio y el desprecio de las multitudes, las que grita-

rían: ¡hay que lincharlo!, ¡hereje!, debido a que producirían una gran sacudida en todos los sistemas religiosos, políticos y sociales de algún pueblo o tribu.

En lo personal conocí estos principios en 1997 y creo que los tiempos han cambiado y las necesidades que vivimos, al menos en nuestro país, hacen indispensable la divulgación, no sólo de esto sino de todos los demás conocimientos que permanecen ocultos y que le corresponderá a alguien más dar a conocer. Las siete leyes universales o principios herméticos son:

1. EL PRINCIPIO DEL MENTALISMO

Este principio dice: "El TODO es mente, el universo es mental". El principio del mentalismo es en el que se basa la metafísica, cuya principal representante en el mundo de habla hispana es Conny Méndez. Este principio sostiene que el cambio de pensamientos produce TODO; la sustitución de un pensamiento o creencia por otro atrae resultados positivos a tu vida; en él se basaron también el libro y la película *El secreto*.

Este principio parte de que la energía mental es la más importante. Como te dije antes, si tú no crees en algo no sucederá; sucederá aquello en lo que pones tu atención, en lo que más tiempo ocupa a tu mente, tanto lo bueno como lo malo o desagradable. Por eso se dice que lo que resiste... persiste. Es lo que está ocupando tu mente y tu atención. El cuerpo mental es el que decide lo que es tu vida, tu salud, tus limitaciones, todo. Tu ego (mente) decidirá qué quiere creer y eso aplica a todo en tu vida: ¿de qué hablas más?, ¿qué te llama más la atención?, ¿crees que porque equis persona llegue a la presidencia tu vida va a mejorar?, ¿crees que estás destinado a vivir mal? Por eso el *Kybalión* comienza con este principio. Sin entender este principio todo lo demás es vano.

2. EL PRINCIPIO DE CORRESPONDENCIA

Este principio dice: "Como es arriba es abajo; como es abajo es arriba", y significa que el microcosmos (nuestro cuerpo) es exactamente igual que el macrocosmos (el universo entero). Significa que las mismas necesidades y energías que existen en el rincón más apartado, olvidado y pobre del mundo, se encuentran en el más lujoso palacio de la ciudad más rica. Significa que en todos los ámbitos las energías son exactamente iguales; las carencias, las necesidades y la mecánica son las mismas en todo. Significa que para entender todo lo que acontece en el mundo, hay que conocer primero lo que sucede en tu interior.

3. EL PRINCIPIO DE LA VIBRACIÓN

Este principio dice: "Nada está inmóvil; todo se mueve; todo vibra". Aun cuando fue escrito hace muchos años, ya se refería a lo que se puso tan de moda en las últimas décadas: la física cuántica. Se refiere a que absolutamente todo, desde una pared hasta una simple piedra, está vibrando, está vivo; y, por esa misma razón, los objetos, los pensamientos y los sentimientos, forman parte de todo lo que se conoce como materia, de nuestra realidad. Y, además, que intercambiamos partículas más pequeñas que el átomo con todas las cosas existentes. No son casualidad los objetos que te rodean, todo está en movimiento y en plena vibración. Todo está cimbrando, desde lo más burdo de la materia hasta los sentimientos más sutiles. Nada se mantiene inmóvil, ningún sentimiento o pensamiento de una persona se quedan en la mente o en el corazón; tienen vida, salen de tu cuerpo y generan cosas y consecuencias, siempre. El *Kybalión* dice al respecto: "El que comprenda el principio vibratorio ha alcanzado el cetro del poder".

4. EL PRINCIPIO DE POLARIDAD

Este principio dice: "Todo es doble; todo tiene dos polos; todo su par de opuestos; los opuestos son idénticos en naturaleza, pero diferentes en grado; los extremos se tocan; todas las verdades son verdades a medias; todas las paradojas pueden reconciliarse". Este principio significa que todo es relativo y que la polaridad no existe como nos la han hecho creer. Los opuestos son idénticos en naturaleza, ya que el exceso de amor hacia una persona es tan nocivo como el odio por una persona; el exceso de pulcritud enferma igual que el exceso de suciedad; el frío y el calor, aunque opuestos, son la misma cosa. No existen por sí solos; no hay nada que sea absolutamente calor. La luz y la oscuridad tampoco existen como tales: ¿dónde comienza la luz y dónde termina la oscuridad?, ¿cuál es la diferencia entre lo grande y lo pequeño?, ¿qué es el bien y qué es el mal? Todo es relativo, no son más que grados de una misma cosa, ¿me explico? Comprendiendo este principio de polaridad, uno comienza a cambiar la polaridad propia y el entendimiento de las cosas, llegando al equilibrio y entendimiento de que no hay absolutos, sino grados.

5. EL PRINCIPIO DEL RITMO

Este principio dice: "Todo fluye y refluye; todo tiene sus periodos de avance y retroceso; todo asciende y desciende; todo se mueve como un péndulo: la medida de su movimiento hacia la derecha es la misma que la de su movimiento hacia la izquierda; el ritmo es la compensación". Este principio, según los maestros hermetistas, es el más importante para ser comprendido y neutralizar los efectos. No se puede evitar, pero sí se puede neutralizar y aprovechar… en vez de ser movidos por el movimiento del péndulo.

Este principio funciona en absolutamente todo: la creación y destrucción del universo, el surgimiento y caída de naciones, familias, empresas… todo. Pero si dominas el principio y el pacto sagrado de tu libre albedrío y de vibración, podrás aprender de él y aprovechar casi de forma imperceptible el movimiento del péndulo. Depende de ti, depende de cuánto te interese esto. Recuerda: "Cuando el alumno está preparado, aparece el maestro".

6. EL PRINCIPIO DE CAUSA Y EFECTO

Este principio dice: "Toda causa tiene su efecto; todo efecto tiene su causa; todo sucede de acuerdo con la Ley; la suerte no es más que el nombre que se la da a una ley no conocida; hay muchos planos de causalidad, pero nada escapa a la Ley". Obviamente no se refiere a la "ley" hecha por algún cuerpo legislativo del plano humano. Este principio se refiere a lo que se conoció muchos años después como karma, en el hinduismo, budismo y otras filosofías. A toda acción y no acción corresponde un efecto y a cada efecto, una causa. Todo lo que das lo recibes de vuelta, pero aumentado por el principio del ritmo o péndulo; lo que va hacia delante, lo que lanzas, regresará de la misma forma con la potencia amplificada como cuando empujas a alguien en un columpio.

Fíjate qué estás dando; desde la forma en que manejas, el modo en que no das el paso a nadie, la manera en que te estacionas. Fíjate en cómo pides las cosas a alguien que no conoces, en la forma en la que eres gentil en algún lugar, en tu calidad humana: ¿sonríes?, ¿saludas?, ¿eres cortés? Eso recibes de vuelta pero amplificado. ¿Te importa tu entorno?, ¿cuando manejas agarras el celular y te valen todos los que van alrededor y entorpeces el tránsito? ¿Te importa siquiera estacionarte de una forma correcta para no abarcar dos lugares? Es más, ¿te importa siquiera entorpecer el tránsito?, ¿o de plano no te importa? ¿No manejas? Entonces, ¿tiras el agua cuando te bañas?, ¿tiras basura en la calle?, ¿te metes en las filas?, ¿te robas lápices en tu trabajo? En fin... Desgraciadamente, sobran ejemplos y, aunque no lo creas, la ley de causa y efecto está actuando en tu vida. Muchas personas se preguntan: ¿por qué me pasó esto a mí?, cuando les sucede algo desagradable. La respuesta llega cuando hacen un análisis honesto y se dan cuenta de cosas tan sencillas, como manejar un auto sin que les importen los demás que también van conduciendo. En cosas así, que pudieran ser insignificantes, está la respuesta de lo que te sucede.

7. EL PRINCIPIO DE GENERACIÓN

Dice: "La generación existe por doquier; todo tiene sus principios masculino y femenino; la generación se manifiesta en todos los planos". Este principio se refiere a esas dos energías de las cuales te hablé al inicio de este libro: nada tiene que ver con los factores de sexo que inmediatamente saltan a tu mente cuando se dicen las palabras *masculino* o *femenino*. En absolutamente todo lo que nos rodea existen estas dos energías femenina y masculina. Ya te mencioné que las fuerzas magnéticas y eléctricas, todo está conformado por estas dos fuerzas; el fin último del ser humano es equilibrarlas, dar un peso igual a cada una de las dos fuerzas, unir el hemisferio izquierdo del cerebro con el derecho, llegar a ser tan sabios y equilibrados como los delfines, que son los únicos seres vivos que tienen en equilibrio estas dos fuerzas. Todo lo que acontece y que es creado en el universo contiene estas dos fuerzas.

El verdadero mago es aquel que comprende estos siete principios y se convierte en alquimista. Hay muchas malinterpretaciones en la historia respecto a la alquimia y el Santo Grial. Cuando se habla de esto, la mayoría de la gente cree que los alquimistas eran los que estaban en búsqueda de la piedra filosofal para transmutar cualquier metal en oro y se cree popularmente que el Santo Grial es una copa de oro que contiene un líquido de la eterna juventud. A esas imágenes se les dio erróneamente el nombre de *conocimientos ocultos* (ocultos, no porque sean del diablo, saca de tu mente esos conceptos); se llaman ocultos porque fueron quemados y perseguidos quienes los conocían —como los siete principios—, durante la Edad Media; miles de mensajes de los esenios, escritos por Enoch, fueron quemados; por eso se les tuvo que dar esos conceptos a la alquimia y al Grial. Cuando en realidad el alquimista es el que transforma vida sin valor (cualquier metal) en oro, al conocer y dominar estos principios. El Grial es exactamente lo mismo; representa los conocimientos que te harán ascender como ser humano y encontrar la plenitud, salud; la vida que todos buscamos.

Merlín fue mago, no porque hacía que alguien se enamorara del rey Arturo, ni porque hacía aparecer conejos. Fue mago porque entendió el significado de las leyes universales y aconsejó y entrenó a Arturo para fundar Camelot, el reino de la paz.

Quise compartir esto contigo, porque me parece fundamental para poder decidir lo que quieres lograr o, mejor dicho, a dónde quieres volar. Recuerda que como un avión tienes que concentrar toda tu fuerza en un momento justo y específico, una vez que te atreves a salir del hangar donde habías estado "estacionadito", y te encuentras al principio de la pista de despegue.

Como lo mencioné, la mente es un factor indispensable; ella te va a decir si puedes ascender o no a la hora del despegue. Para que la mente te apoye —mejor dicho, trabaje para ti y no tú para ella como ha sido la mayor parte del tiempo— debes aprender a callarla y reformatearla. Tal como sucede con un disco duro de computadora: debes aprender a tomar el control sobre ella y formatearla cuando sea necesario, para ponerle nuevos programas. Debes tomar el control sobre el ego para no dejar que él te controle a ti, de otra forma nunca querrás despegar; al menos no en algo que hasta ahorita crees que es imposible alcanzar.

Y honestamente creo, después de haber ido a diversas terapias, cursos y leído muchos libros, que lo único que puede callar al ego y ayudarte a concentrarte —es decir, a unir y equilibrar la fuerza de los tres cuerpos— es la meditación.

La meditación es, sin lugar a dudas, la herramienta más necesaria para el ser humano que quiere tener paz, amor, armonía y balance en su vida.

Cuando alguien dice *meditar* asocia esta bendita herramienta con el concepto de pensar; cuando se utiliza (mal) en la expresión: "Medítalo muy bien antes de tomar esa decisión", meditar implica pensar. De ahora en adelante no vamos a tomar en cuenta este significado de la palabra *meditar*, ya que, al menos en el mundo espiritual, significa todo lo contrario. Por otro lado, desgraciadamente la meditación como disciplina, herramienta, alimento para el espíritu es tomada por muchos como algo sólo de "hippies", de alguna secta o religión. Esta interpretación es totalmente errónea.

La meditación como "disciplina-herramienta" es lo único que te ayudará a comunicarte contigo mismo, a saber qué haces en la Tierra... a sentir a tus ángeles, a sentir a Dios... al gran arquitecto, al gran espíritu, a la fuente divina, Jehová, Yahvé... como le quieras llamar; es uno solo y para llegar a sentirlo y comunicarte contigo mismo tienes que callar o calmar a la mente. Hay decenas de miles de pensamientos que produce nuestra mente diariamente, producto de nuestro ego y de lo que hemos oído, visto, experimentado y creído como verdad.

Como he dicho antes, quien diga que controla su mente te está mintiendo. Es imposible tener control sobre la mente, y aunque hagas meditación unas cuantas horas al día, la mente siempre te hará dudar (aun al leer esto, tu mente te puede decir: *Este tipo está loco ¡No le creas! Es ridículo... claro que tú estás a cargo de mí*). La mente (el ego) es muy escurridiza y siempre se va a defender con mil máscaras para no perder su poder.

La mente (el ego) se muere de pánico, es asustadiza; todos los mensajes (pensamientos) que te envía serán de duda, de "precaución", de temor al futuro, a los cambios; te enviará juicios culpando a todos y a todo por lo que te sucede y siempre te mantendrá con tu atención en el pasado (por cosas buenas o malas que te hayan sucedido) o en el futuro (por cosas buenas o malas que te pueden suceder).

¿Y mientras qué?

Te pierdes lo único que en realidad tienes: ¡el presente! Te pones de malas con alguien que está contigo porque sigues pensando en lo que te sucedió anteriormente, o por lo que te pueda suceder. Ridículo, ¿no? O peor aún, autosaboteas tu mente con pensamientos limitantes: "La situación está dura", "No, yo no nací para esto", etcétera.

Tu ego (mente) está trabajando todo el tiempo para que no estés aquí. ¿No te has dado cuenta de que cuando la mente te mantiene en el pasado o en el futuro es cuando sientes miedo, rencor, depresión?

Para eso precisamente es la meditación, para mantenerte en el presente; y no es nueva, ni algo de moda o inventado por algún norteamericano que da conferencias. No, es tan antigua como las civilizaciones sabias del planeta; los sirios, egipcios, griegos, mayas, incas, sólo por citar algunas, conocían lo importante y poderosa que puede ser la meditación.

En términos prácticos, la meditación es lo que te

hace tomar control de la mente o, en el mejor de los casos, frenar el proceso de la mente.

Aquí quiero hacer la misma declaración que hice en mi primer libro: cuando digo "mente" me refiero al "ego". No quiero decir que la mente sea algo que no sirve o que te vuelvas idiota y dejes de pensar. ¡No! ¡Claro que no! Si lees esto con tu corazón lo entenderás, si no, lo malentenderás... y está bien, sólo importa lo que tú quieras creer.

La meditación es algo que va relacionado con la respiración. Respirar es algo que también se nos olvidó hacer. ¡Sí! ¿Crees que como respiramos hoy en día respiraban los egipcios o los grandes maestros? ¡Claro que no! Los monjes, los sacerdotes de todas las civilizaciones vivían en constante meditación. Su respiración era profunda. Respirar, por desgracia, se ha vuelto un acto mecánico, cuando la respiración es sinónimo de vida. La respiración es inhalación-exhalación, recibir y dar... crear y transformar.

Un estudio de la UCLA reveló que un grupo de personas que respiraban dos horas al día tardando seis segundos en cada inhalación y seis segundos en cada exhalación tenían una vida más feliz, eran más optimistas, concebían mejores ideas, se enfrentaban con menos miedo a la vida. La respiración cotidiana de un ser humano de dieciocho a cincuenta años tarda en cada inhalación y en cada exhalación de dos a tres segundos en promedio. ¿Por qué no haces la prueba? Cuando tengas miedo, angustia, enojo o rencor, inhala y exhala por la nariz profundamente, tárdate seis segundos o más y verás cómo todo cambia. Por eso, entre otras cosas, la meditación va de la mano con la respiración.

Escuelas, corrientes y tipos de meditación hay millones: hay meditaciones guiadas para visualizar o imaginar algo en tu vida; hay meditaciones activas como las de Osho, donde mediante el movimiento, baile y ejercicios haces que la mente se calme para poner toda la atención en tu cuerpo; hay meditaciones en geometría sagrada... en fin, hay miles, pero creo que si te interesa meditar para comenzar tienes que desarrollar tu propia técnica, ya que el principal objetivo de la meditación es "callar", "frenar" o decirle a la mente: "Vamos por aquí", "ahora por acá".

Es muy fácil desarrollar tu propia técnica. ¡Regálate ese placer por tan sólo treinta minutos al día o aunque sea diez minutos! Te lo regalarás a ti, a tus ángeles... a Dios. Porque los ángeles no se pueden comunicar con nosotros a menos que acalles la mente (ego). Sólo busca un espacio tranquilo en tu hogar, con velas, incienso, flores... y música (una de las cosas más fáciles de hacer es ir a una tienda de discos, a la sección de New Age o meditación, y mágicamente el disco te va a encontrar a ti). Una vez que lo tengas, ahí, en este lugar tranquilo que escogiste, cierra los ojos y sólo ponte a respirar profundamente. Eso sí, es importante que con cada respiración comiences a respirar desde el estómago y después tarda lo más que puedas en cada exhalación... sólo pon atención a la forma en que entra el aire a tu cuerpo y en que sale... sólo eso. ¡No pienses! Recuerda: se trata de eso, de no pensar... sólo concéntrate en tu cuerpo, en tu respiración.

La mente (el ego) tratará por todos los medios de distraerte, hasta hará que te dé comezón; pero si eres persistente y haces esto durante una semana se te revelarán diferentes cosas. Tendrás diferentes experiencias, y los siguientes pasos para seguir meditando te los enviarán de "allá arriba". ¡Te lo aseguro!

Conocerás a otras personas, otras formas de vivir y tendrás ganas de hacer otras más dentro del maravilloso camino de la meditación.

¡Gandhi tenía razón!: "Lo que hay frente a ti, detrás de ti o a tu alrededor... es nada comparado con lo que hay dentro de ti".

¡Descúbrelo! ¡Medita!

El despegar sólo dependerá de ti, de nadie más. Repito: nadie puede empujar un avión, el avión es consciente de su poder para emprender el vuelo; si no es consciente, jamás lo emprenderá.

Por eso nunca he creído en la motivación. La motivación es como el baño: te refresca, te ayuda, pero no dura todo el día ni toda la vida. Lo único que causa la motivación externa es hacerte sentir bien una hora después de una película motivacional, después de leer un libro o después de escuchar una plática; pero en una semana o al otro día pierdes eso. Lo externo nunca te ayudará. La motivación sólo sirve para dársela a unos jugadores antes de salir a la cancha; no sirve para la vida.

La motivación sólo entra a tu cuerpo físico, al nivel de la mente, al hemisferio masculino. La motivación no es procesada en tu magnetismo, ya que no hay factores externos que sepan mejor que tu corazón. Lo que eres capaz de alcanzar, la fuerza se adquiere dentro de ti, no afuera.

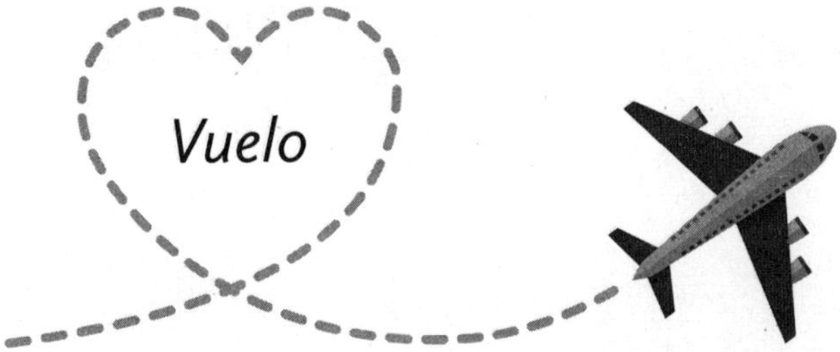
Vuelo

El vuelo es para lo que fue creado un avión; volar es la única finalidad de la existencia de esa máquina. El vuelo es también la razón de ser de tu existencia. Es el vuelo para lo que fuimos creados. Estamos hechos para la vida misma, que es la equivalencia con el vuelo de un avión.

Trataré de platicarte objetivamente sobre esto, bajo los conceptos que he aprendido y te he presentado. Pero recuerda que no trato de enseñarte nada, porque yo mismo sigo aprendiendo, de hecho, me sigue costando a veces mucho trabajo procesar y llevar a cabo muchas cosas de las que te hablo.

Sigo aprendiendo como cualquier ser humano, como todos los que estamos aquí, en esta escuelota llamada Tierra; si no continuáramos con el proceso de aprendizaje, pues ya no estaríamos aquí. Sin embargo, ha habido momentos en mi vida en los que he comprobado estos conceptos, los he puesto en práctica y el resultado ha sido maravilloso... Muchas veces me he dejado vencer por otros factores, igual que tú, igual que cualquier otra persona en este mundo; cualquiera cae, hasta los grandes maestros que han sido mis guías. Como lo dice el principio de correspondencia que te mencioné antes: "Como es arriba es abajo". Todos estamos en constante aprendizaje, nadie ha logrado llegar a ese punto de plena paz; como dijo el más grande maestro, Jesús: "Quien esté libre de culpa que lance la primera piedra".

Para llevar a cabo el vuelo o la verdadera vida rumbo a los anhelos más profundos de nuestro corazón —y entiéndase que no se trata de alcanzar sólo cuestiones materiales, se trata de percibir el mundo tal y como fue diseñado, un mundo lleno de abundancia de paz y armonía, lleno de plenitud—, lo primero que hay que hacer es llevar el menor peso posible, aligerar la carga. Cuanto más pesado el avión, más difícil el despegue.

La carga extra que llevamos está principalmente constituida por los "apegos". Esos apegos, que sólo existen en la mente, en el ego, pueden hacer mucho más difícil que podamos volar como seres humanos. Para deshacernos de esa carga extra durante todo el tiempo que se prolongue el vuelo hay una palabra clave, quizá la más importante: *conciencia*. En mi primer libro hablé de esta "palabrita" de significado enorme; ahora sólo diré que conciencia es estar alerta de lo que piensas, de lo que haces, de lo que sientes. *Conciencia*, en términos del camino espiritual, es un sinónimo de "alerta"; alerta de todo lo que acontece en tus tres cuerpos; sólo así sabrás mantener el vuelo y deshacerte de los apegos. Pero ¿qué es un apego? El apego es uno de nuestros más grandes retos a vencer en la vida, quizás el más grande. Si te fijas bien, una de las cosas que más trabajo cuesta en la vida es cerrar círculos. El apego es, precisamente, la incapacidad para cerrar círculos.

¿A qué me refiero con cerrar círculos? Bueno, pues quizá ya hayas leído este concepto antes, en Deepak Chopra, Paulo Coelho o en Louise Hay. Como sabes, cerrar círculos significa ponerle el punto final a una hoja que ya no tiene renglones libres para escribir nada. Terminar con algo y dar paso a otra cosa. Sin embargo, sé que a veces duele muchísimo; tanto, que nos aferramos, nos apegamos a las cosas y/o a las personas. Aquí nuestro "amigo" el ego tiene un papel muy importante.

Antes de continuar permíteme recordarte, porque todo lo que viene en este libro en el fondo tú ya lo sabes, que la vida de un ser humano, la tuya, la mía, la de todos, encierra una gran verdad. Esa verdad es que no somos dueños de absolutamente nada ni de nadie. No nos pertenece ni un solo diente, es más, ni un cabello; mucho menos las cosas materiales que podamos adquirir o ganar y con menos razón nos puede pertenecer la vida de alguien más o la vida en sí.

La vida, como lo dijo Heráclito y después Peter Gabriel, es "el río del cambio constante". Y los humanos sufrimos la mitad de nuestras vidas tratando de prolongar las situaciones, las circunstancias, las relaciones, hasta la utilidad de un objeto o de un bien material, y eso es simplemente ir en contra del ritmo de todo el universo. Es como entrar en un río que fluye y creer que el agua que te está mojando cuando entraste al río es la misma que cuando saliste.

Seguramente lo has vivido en alguna etapa de tu vida: cuando vas en contra de esto, has sufrido; tal vez el día que saliste de primaria querías seguir ahí porque estaban tus amigos, o cuando dejaste la secundaria o la prepa, cuando te cambiaste de trabajo, cuando murió alguien importante para ti, cuando terminaste una relación...

Y te digo que sufrimos la mitad de nuestra vida, porque en la otra mitad vamos abriendo círculos. Y es algo fantástico. El chiste es abrirlos con la conciencia despierta para saber que si se abre... se tendrá que cerrar.

Al crear círculos aprendemos. Te has de preguntar: ¿qué aprendo? La respuesta es algo individual, algo que sólo tú podrás descubrir. Generalmente, cuando nos desprendemos de algo o de alguien muy valioso descubrimos más respeto por el presente y amor por lo que nos sucede, más gratitud por cada experiencia, encuentro, personas o cosas. Sentimos un gran alivio al darnos cuenta de que no podemos retener nada, que no perdemos a nadie ni nada porque nunca nada nos perteneció. Nunca le pertenecimos a nadie ni nadie nos perteneció. Quizá no logramos descubrir nada de esto porque vamos en contra del proceso del universo, seguimos lamentándonos por la pérdida de alguien o algo, nos aferramos a una situación, prendiéndonos de alguien o apegados, aferrados a una época.

Por favor, te lo suplico, no malinterpretes lo que te digo. No pienses que estoy tratando de decirte que te conviertas en alguien frívolo, vacío, sin valores, sin amor, apático y desprendido que no le da valor a las cosas que gana con su trabajo ni a las personas. ¡No! Eso nunca te lo diría. Te estoy diciendo todo lo contrario. Estoy deseando que sepas valorar cada una de las personas que te rodean y las cosas que te suceden justo en el momento en que te están pasando; que tu vida, cada instante, sea de intenso disfrute con los que amas y que te aman, para que cuando llegue el final puedas liberarte con gratitud y cerrar el círculo en paz y júbilo.

Podrás preguntarte: ¿júbilo? ¡Perverso! ¿Cómo podría sentir júbilo o paz si se murió un ser querido? ¿Si me dejó o terminé con el amor de mi vida?

Por eso mismo quiero decirte que si eres consciente de que cada círculo que abrimos o nos abre el universo (Dios) es o será un aprendizaje. La vida nos abre círculos, como nuestra familia que amamos; y círculos que abrimos por decisión propia, como una relación de pareja. Hay círculos que se abren mágicamente, cuando atravesamos por una época o por una racha muy buena donde todo se da fácilmente, somos felices, tenemos suerte en todo... En fin, abrimos o se nos abre una cantidad enorme de círculos o ciclos, una y otra vez; pero todos terminarán y sólo tenemos dos caminos. Uno: vivir angustiadamente pensando: qué voy a hacer cuando me falte equis persona, cuando me falte equis trabajo o cuando ya no tenga equis cosa. Si eliges el camino de la angustia al que te llevará el apego jamás disfrutarás de lo que tienes y te convertirás en un esclavo de la mente (el ego); apegado, egoísta, porque no quieres que te quiten nada; celoso, porque dudarás y querrás tener a alguien siempre; obsesivo, quizás hasta paranoico, resguardando todos tus bienes; envidioso, porque querrás tener más y más de lo que otros tienen... Vivirás con miedo por conservar un trabajo, una persona, un objeto y no actuarás con amor, no serás libre nunca, todo comenzará a preocuparte y eso te llevará al rencor, a la depresión. Vivirás creyendo que la vida es mala, dura, difícil y dolorosa... Serás un esclavo del miedo a todo lo que llegue a tu vida.

Pero existe el otro camino, el de aprender a amar el presente con cada cosa que trae, el de saber que vinimos solos y desnudos a este mundo y de la misma forma nos iremos. Aprender que nada ni nadie es siempre de la misma forma, aprender a fluir con el proceso de la vida.

Sería, o es horrible, un infierno querer estar con alguien que ya no nos ama. Llegar al punto de chantajear a tu pareja o causar lástima con tal de que no te deje. ¿Para qué? Es contra la naturaleza estar donde ya no debemos estar. Sería enfermizo querer revivir y tener a alguien que ya dejó el planeta, cuando en realidad todos aquellos con los que tuvimos lazos familiares nos volveremos a encontrar en otra realidad.

Si lográramos hacer a un lado el apego, se esfumaría el noventa y nueve por ciento de nuestros miedos, porque nos entregaríamos a nuestro trabajo dando lo mejor cada día, no por miedo a perderlo, sino porque lo valoraríamos mientras dure; demostraríamos y daríamos más amor a los nuestros, valoraríamos cada minuto que estamos con ellos; nos haríamos más conscientes de cada época de nuestra vida; amaríamos cada amanecer, porque entonces comprenderíamos que todo son etapas. Seríamos mejores amigos con los que nos toque estar en cada etapa de la vida; tendríamos relaciones más sanas, porque entenderíamos que el amor se trata de libertad, se trata de dar, no de exigir ni de forzar. Sin apegos valoraríamos cada una de las cosas que tenemos, no seríamos obsesivos ni envidiosos, porque estaríamos en paz con lo que tenemos y no anhelaríamos lo de otros.

Pero también quiero decirte que hay dos formas de mantener círculos abiertos sin darnos cuenta: por tristeza (que es otra cara del miedo) o por odio y rencor (que también es miedo). La tristeza de seguir añorando algo o a alguien no es otra cosa más que miedo a sentirnos solos o incapaces, de enfrentarnos con algo nuevo. El ego (mente) nos habla por medio del miedo y nos hace inseguros.

El rencor y el odio por alguien que te haya herido o traicionado también son miedo. Cuando una persona nos deja y terminamos odiándola, no es más que miedo a comenzar otra vez.

Esos miedos mantienen abiertos nuestros círculos. No te digo que evites el dolor de perder a alguien, sino que tengas el proceso normal de llorar, patalear, gritar, enojarte, etcétera, pero sigue adelante.

Sé que duele mucho perder a alguien o que nos despojen de algo; sin embargo, si no te desapegas, si no te desprendes emocionalmente, el universo capta tu mensaje. ¿Y cuál es ese mensaje? Que estás ocupado en un aspecto de tu vida.

Ésta es la razón por la que muchos no encuentran otra pareja tan fácilmente después de haber terminado una relación; o un trabajo nuevo después de haber perdido uno; o se presentan situaciones trágicas después de haber perdido a un familiar. Se debe a que tú sigues sin perdonar a alguien, o con rencor con la persona o jefe que te corrió. Sigues con un capítulo abierto, un círculo que no has cerrado. Por ende, la energía de la vida capta tu mensaje; estás enviando un mensaje al universo que dice: no quiero encontrar un nuevo trabajo, no quiero encontrar el amor porque todavía no cierro este capítulo; sigo odiando o extrañando esto o aquello, o a este tipo o tipa y como todavía no pones punto final en el área de una relación o en el área de un trabajo, nunca te llegará algo nuevo que valga la pena.

Estás ocupado todavía en las áreas que no has cerrado. Y muchas veces, cuando muere alguien nos enojamos con la vida, con Dios. Nos invade una profunda tristeza. Eso está bien, es normal. Lo que no es normal es que no dejemos ir a alguien que tuvo que irse, y nos aferremos a los conceptos de tragedia, desdicha o desgracia; porque entonces estarás pidiendo al universo que todas las cosas que tengan que ver con esos sentimientos lleguen a tu vida. Por eso tenemos que vivir: ¡disfrutar! Entregar y aprovechar todo, para después poder agradecer en vez de sufrir.

Gabriel García Márquez tenía razón cuando dijo: "No llores porque ya se terminó, sonríe porque sucedió".

Recuerda: nada ni nadie nos pertenece. No pudo haber sido mejor dicho que como lo hizo Facundo Cabral: "La vida no te quita cosas: la vida te libera de cosas... te aliviana para que vueles".

Otra cosa que me gustaría mencionarte, continuando con la analogía del avión, es que cuando éste despega lleva una ruta clara, una bitácora de vuelo; el piloto sabe de dónde salió y a dónde va. No vuela en reversa viendo al aeropuerto de donde partió; deja atrás aquel lugar para mirar de frente a donde se dirige.

Igual, nosotros los humanos, tenemos que ver hacia el frente, no podemos seguir siendo presas de la mente. Como ya te conté, la mente sólo funciona a partir de lo que conoce, siempre te va a llevar al pasado con nostalgia y siempre te va a hacer pensar en el futuro con miedo, porque lo desconoce. Sin embargo, al definir tu ruta, la mente puede ser tu mejor aliada. Pon atención a esto: es importante mirar al pasado, pero con *conciencia*.

Mirar al pasado con conciencia significa que la mente no te va a presentar todos esos conceptos y sensaciones que acostumbra enviarte: la mejor época fue cuando eras más joven; la mejor etapa de tu vida fue cuando estabas con equis persona; los tiempos pasados eran mejores. Así es como la mente acostumbra hablarte del pasado. La mente te manda mensajes de melancolía y tristeza; te manda deseos de revivir algo. Esto es imposible, ¡nadie lo ha hecho!

Aun si trataras de revivir un momento especial, juntando a las mismas personas con las que estuviste en aquel momento, en el mismo lugar, a la misma hora, ya nunca más sería lo mismo. Cuántas parejas no conoces que, por apego, deciden darse una segunda oportunidad, pero ya no es lo mismo... las cosas cambian, las personas cambian; todo fluye y refluye.

Pero ¿sabes por qué el ego te domina con esas sensaciones del pasado? Porque tiene pavor de lo que no puede controlar, y lo que no puede controlar es lo que no conoce. Eso está en el futuro y también en el presente. Pero cuando tú estás alerta (consciente) de todo lo que está sucediendo a tu alrededor, la mente no puede intervenir. No le da tiempo de estar archivando conceptos, vivencias, aromas, colores, sentimientos; no le da tiempo de archivar y mandarte mensajes de prejuicio al mismo tiempo. Por eso cuando estás alerta o consciente de cada momento te conectas con tu hemisferio femenino; te conectas con el corazón y disfrutas más de cada momento.

Eso seguramente te ha sucedido miles de veces: cuando estás consciente de lo que anhelas, la mente resulta ser el gran aliado, porque entonces puedes "viajar" a tu pasado y buscar en tus archivos, por decisión propia y no la del ego; puedes buscar momentos clave para entender por qué reaccionas frente a ciertas circunstancias de la manera en que lo haces. Puedes ir al pasado conscientemente y entonces encontrar, por ejemplo, algo que te sucedió en tu niñez y que hace que busques una pareja con ciertas características; puedes ir conscientemente al pasado inmediato, o lejano, y descubrir qué fue lo que aprendiste de tus mayores respecto al dinero o a ganarse la vida; puedes ir a tu pasado y quizá darte cuenta de que lo que sentías por una pareja no era amor, sino necesidad de una figura paterna o materna que no tuviste.

Ir al pasado conscientemente (conste que te digo *ir*) es muy poderoso y benéfico para ti. Vas al pasado a buscar tu historia y la causa de por qué te ha ocurrido lo que te ha ocurrido, bueno o malo. Es muy diferente ir al pasado con conciencia que vivir en él, inconscientemente, como nos obliga la mente.

Cuanto más consciente estés de quién eres, cuanto más comprendas tu pasado, *más pronosticable será tu futuro*. ¡Sí! Suena raro, pero el futuro se puede pronosticar fácilmente; sólo debes tener más conciencia de tu pasado. Te pongo un ejemplo: si eres una persona que se alimenta mal, tiene estrés y bebe alcohol para liberarse de él, no duerme bien; si no satisface sus necesidades relacionadas con su hemisferio femenino ni con su cuerpo etérico... pues el pronóstico es que tendrás una enfermedad en el futuro inmediato. Si tú te das cuenta de tus actitudes en el pasado respecto a cualquier cosa, podrás pronosticar el futuro. Eso es un hecho constatable.

Pero ten cuidado, el avión tiene comunicación por radio con el aeropuerto de donde partió, para ser guiado a su presente que todavía es su futuro... pero dejará de tener comunicación con el lugar que dejó atrás cuando encuentre la comunicación con su futuro lugar de aterrizaje. En este sentido es cómo funciona y nos sirve el pasado. El pasado es vital y valioso, siempre y cuando, repito, lo visites con conciencia. El ego siempre tratará de confundirte, te dará sensaciones de inseguridad, tristeza y melancolía, pero si lo visitas con conciencia, te dará poder.

Esto sucede en todos los aspectos: en el microcosmos y en el macrocosmos, en nosotros y en los países. Date cuenta, ¿cómo te explicas que los países donde existieron las principales y más sabias civilizaciones del mundo son aquellos que carecen de más valores en su sociedad? En algunos casos también tienen carencias en aspectos políticos y económicos; tal es el caso de México, Turquía y Egipto; o Italia y Grecia, países que fueron los últimos en ingresar a la Comunidad Europea. En las tierras de todos estos países florecieron grandes culturas.

Sin embargo, hay otros países que se han consolidado y que, aunque de igual forma presentan carencias, se han convertido en naciones poderosas, como Inglaterra, Japón, Suecia o Suiza.

Igual que sucede con los humanos en el plano individual, en los países donde afloraron grandes civilizaciones se perdió el respeto y el tesoro que se halla en el pasado. Es como si la gran mente colectiva viera el pasado sólo como lucro turístico, sin respetarlo ni valorar de dónde venimos. No hemos visitado nuestro pasado con conciencia, sino sólo mediante el ego. En todos estos países se le da más importancia al sobrevivir que al volar.

La otra cara de la moneda existe en Inglaterra, por ejemplo, donde su pasado es visitado frecuentemente con conciencia para encontrar diferentes valores como país. Exactamente igual sucede en todo; lo que acontece en cada uno de nosotros como seres humanos ocurre en todos aspectos. Lee el *Kybalión*, ya que yo sólo te hablé de una pequeña parte. Es importante que entiendas lo vital que es la conciencia.

Lo mismo sucede con el futuro. Recuerda que tu mente, mi mente, siempre verá el futuro con desconfianza y miedo porque lo desconoce. Cuando el ego te lleva al futuro sin tu permiso, como sucede el noventa y nueve por ciento de las veces, siempre te presenta el peor panorama; pone frente a ti una serie de cuestiones que ha oído, que te harán que te sabotees. Eso sucede, por ejemplo, cuando quieres montar un negocio; si te enteras de que alguien dice que la crisis está grave, si a tu compadre le fue mal con un negocio, la mente te lo recordará hasta que desistas por la misma supervivencia del ego que sólo vive con información pasada. Pero cuando tú visites el futuro, igual que el pasado, conscientemente, sabrás darle valor a tus anhelos; sabrás escuchar a tu corazón y el ego tendrá que ceder. Anhelar, soñar, querer volar, es lo que rompe el patrón de sobrevivir para comenzar a vivir, a volar.

De otra forma siempre serás presa de la rutina, y la rutina de sobrevivir no da cabida a los anhelos; nos convierte en máquinas autómatas: trabajo-casa-dormir-trabajo... y lo peor de todo: "noticias". Hay quien lee, ve o escucha noticias de manera autómata, ¡peor!: más armas para el control del ego sobre ti. Recuerda que tu ego funciona con el tipo de información que introduces en el disco duro. No estoy en contra de estar informado de lo que acontece, es importante; pero la mejor dieta que he tenido en mi vida, como alguien dijo, es la dieta en noticias.

Tú sabes que no puedes obtener resultados ni nada diferente en tu vida si haces las mismas cosas de siempre, creyendo de la misma forma en que has creído, pensando de la misma forma en que has pensado.

La rueda de la rutina hace que tu vuelo sea bajo y corto, cuando puedes despegar. Pero cuando te das tiempo de tener anhelos y ves el pasado con conciencia, cosas maravillosas comienzan a suceder.

Entonces, sólo entonces, cuando visitas conscientemente tu pasado y tu futuro, la voz de tu ego (mente) se debilitará y estará remando en la misma dirección que tú. Entonces sabrás que cuando persigues un vuelo o intentas hacer algo o deshacerte de algo y el noventa y nueve por ciento de las personas que están a tu alrededor te dice que estás loco o loca, que eso es imposible, que lo pienses bien porque puedes perderlo todo, cuando ese noventa y nueve por ciento de personas te diga "no", entonces sabrás que vas por buen camino. Claro, a menos que se te ocurra hacer una estupidez con carencia de sentido común o algo que dañe a alguien más.

Para ejemplificar un poco esto: cuando Steve Jobs (dueño de Apple) se separó de Bill Gates (dueño de Microsoft) todo el mundo alrededor de Jobs le decía: *¿Estás loco?, nunca podrás competir contra Gates*. Otro ejemplo: si tú quieres ser astronauta tal vez todos tus amigos, compañeros, familiares digan que estás loco; es entonces cuando sabes que vas por buen camino, porque sólo dos mexicanos han podido ir, hasta hoy, al espacio sideral; los que te dicen que no puedes, nunca han ido.

Por eso cuando el noventa y nueve por ciento te diga que es un vuelo imposible el que quieres, es que vas por buen camino. Siempre y cuando seas fuerte en tu conciencia y en tu fe. La fe sólo se adquiere mediante el conocimiento. El conocimiento de lo que fuiste y de lo que serás, a dónde te diriges. No hay frase más exquisita que la atribuida a

Jorge Luis Borges: "La fe es un ensayo del futuro en el presente".

La fe es, sin lugar a dudas, lo más importante al ir en pleno vuelo, en el momento presente, ya que una vez que has decidido tu ruta, que has concentrado toda tu energía de los tres cuerpos en el despegue, la tarea de mantenerte en vuelo depende de tu grado de ubicación y, perdona que sea tan repetitivo, de conciencia en el tiempo presente; ese lapso que no dura nada pero que lo puedes hacer eterno si tienes la capacidad de estar alerta. Mientras lees esto, los dos renglones anteriores ya pertenecen al pasado. Pero si te ubicas en el momento más preciado, donde se halla el poder del "aquí y ahora", entonces no serás víctima de las trampas del ego ni de la mente; estarás absolutamente fusionado, todos tus cuerpos en uno solo. Entonces te puedes llamar *integral*, porque integras toda tu esencia en un solo enfoque.

Esa fusión de los tres cuerpos no es fácil de lograr. Tal vez, mientras lees estas palabras, te dio sueño o llegaron a ti mil imágenes de lo que tienes por hacer o de lo que hiciste; esto se debe a que tus tres cuerpos no están unidos. Si logras unirlos, cuanto más concentrado estés en el presente, más te darás cuenta de quién eres. Incluso con la práctica constante de ubicarte en el presente podrás escuchar a tu cuerpo físico y sanarlo. Cuanto más permaneces en el presente, más feliz y pleno eres y menos cosas necesitas. Tú lo has comprobado.

A menudo, el maestro Jesús se refería a esto, pero fue malinterpretado; él hablaba de "estar en el reino de los cielos" y aludía a "la vida eterna". Con eso quería decir que se debe vivir siempre en el presente; no se refería a la vida que nunca termina, sino a la plenitud del ser humano. Plenitud que sucede únicamente en el momento presente.

Cuando tú estás más tiempo del día en el presente, desaparece la angustia, el miedo, la tristeza y la necesidad de alguien o de algo; eres simplemente... eres simplemente... eres simplemente... Sí, lo repito tres veces porque ése es el verdadero concepto de la vida eterna, el reino de los cielos: cuando sabes que no necesitas nada, cuando eres pleno. Cuando ves tu oficina, tu casa, el parque, el camino a tu trabajo, como lo haría un niño: admirándote de cada pequeño suceso, como cuando vas a algún lugar desconocido y todo llama tu atención. Ahí no te da tiempo de que entre el ego con sus prejuicios.

El fin último de volar es deleitarte con el paisaje, vivir intensamente las turbulencias, sin flaquear ni perder de vista tu punto de llegada; por supuesto, sabiendo perfectamente bien de dónde partiste y con la conciencia del equipo con el que estás provisto.

El propósito de atreverse a volar es experimentar la verdadera vida. Tal vez no llegues al aeropuerto que tenías pensado, tal vez veas otros más hermosos, más convenientes o, quizá, sí llegues al destino señalado pero descubras que te gustó más el camino, el paisaje y la experiencia de volar.

No estoy contradiciéndome. Es verdad que antes te dije que tienes que tener fe y, aunque el noventa y nueve por ciento de las personas a tu alrededor te diga que estás loco, debes perseguir tus sueños, llegar a ese aeropuerto, a esa meta que tienes planeado alcanzar. Tal vez llegues a un aeropuerto distinto, o quizás ese lugar tan anhelado no te guste; pero lo segundo no se contrapone a lo primero, porque el cambio es consecuencia de tu plenitud, de tu enfoque en el vuelo. Por eso el presente es lo único que debe importarte. El vuelo será la mejor experiencia que tendrás, incluso mejor que cuando alcances tu anhelo.

En este vuelo tú llevas pasajeros, gente que has atraído a tu vida; podrá haber gente que se muera de ganas de ver tu avión estrellado y gente que desea que vueles lo más alto. Sin embargo, a final de cuentas tú escoges a los pasajeros que llevas en cada vuelo. También tienes una tripulación, pilotos, copilotos y controladores de vuelo que te irán apoyando, guiando y cuidando mientras vuelas.

Siempre va alguien contigo en tu vuelo, el Ser Superior siempre te acompaña. Trataré de explicar qué es este ser de manera sintetizada, ya que hay mucha información al respecto y mucho conocimiento sagrado que tendrás que descubrir cuando el tiempo llegue. El ser al que me refiero es el Ser Superior. Para hacerlo más entendible, se puede decir que el *Ser Superior* es tu esencia, pero en un plano mucho más elevado; es tu sabiduría que traspasa absolutamente todo lo que está en esta dimensión, todo lo que conoces como espacio sideral, planetas galaxias, cosmos. El Ser Superior está más arriba de todo esto que los humanos conocemos. Para que me entiendas y tu mente analítica masculina lo pueda ubicar: el universo no es sólo lineal; no sólo se expande de forma horizontal y en distancias, sino también lo hace en forma vertical, en diferentes planos o dimensiones. El universo se expande en todas direcciones: hacia los cuatro puntos cardinales y también hacia arriba, donde existen realidades más sutiles. Estas últimas se hallan conectadas a la fuente de todo. Esto es verdaderamente fascinante y difícil de explicar. Einstein lo sabía, el maestro Jesús también y Stephen Hawking, considerado el mayor genio de nuestra época moderna, lo ha estudiado bajo los conceptos de tiempo y realidad.

Bibliografía hay bastante, pero lo que me gustaría que entendieras para los fines de lo que te quiero hablar es que tu Ser Superior eres tú mismo, es tu misma esencia pero en otra dimensión. ¿Qué es esto de dimensión? Bueno, pues habrás oído hablar de que todo en este mundo es tridimensional; pero hay una cuarta y quinta dimensión, una sexta, una séptima... infinitas dimensiones.

Tu Ser Superior que habita en dimensiones más elevadas (por lo menos en la cuarta) no tiene ego, no tiene concepto de bien ni mal, sólo tiene un profundo amor por ti. Eres tú amándote a ti mismo, por lo que él te guía y te habla constantemente. Tu Ser Superior es como un águila que vuela más alto para decirte los peligros que hay en el camino y sabe qué es adecuado para tu mayor bien y para el cumplimiento de tu misión en la Tierra, para el cumplimiento de la lección que has venido a aprender.

El mantra o palabra clave para hacerlo presente en tu vida es "yo soy". El maestro Jesús lo sabía y se conectaba con su Ser Superior. Una vez más permíteme decirte que cualquiera que sea tu religión es respetada profundamente por mí y lo que te digo va más allá de lo que el ego te pueda decir; esto lo quiero compartir con profundo amor y humildad, ya que lo repito: no soy ningún maestro, no soy nadie, sólo te platico lo que he aprendido.

Todas las religiones son buenas porque rescatan la parte espiritual del hombre, la búsqueda, el contacto con Dios. En mi vida y mi búsqueda del camino "correcto" pasé por diferentes religiones: catolicismo, cristianismo, budismo... y me he percatado de que muchas cosas han sido interpretadas de forma que en lo personal no me convencían; tal vez puedas pensar que esto sólo denota falta de fe de mi parte o poca seriedad en los asuntos religiosos, o quizá pienses que soy hereje y estás en todo tu derecho, pero déjame decirte que he tenido que entender y desentender muchas cosas para llegar a lo que hoy creo. Por eso, con todo el amor del mundo, me quiero referir al que para mí es el más sagrado y grande maestro que ha pisado la tierra: el maestro Jesús.

Me quiero referir a él en el sentido de que se fusionaba con su Ser Superior. Jesús dijo: "YO SOY la resurrección y la vida", pero no se refería al aspecto que inmediatamente el ego (la mente) creerá: esa mente no evolucionada va a pensar que Jesús se refería a sí mismo y no es así. El maestro Jesús, con su inmensa humildad y sabiduría, se refería a su Ser Superior que, como te dije, está conectado a la Fuente, al Gran Espíritu, a Dios.

Cuando tú pronuncias YO SOY estás manifestando la realidad en todo su esplendor; estás haciendo que todo lo que existe en la creación como fuente de vida y elevación de tu persona sea a través de ti. El "YO SOY" es una de las formas más poderosas de liberar el poder de Dios: amor, sabiduría y verdad, y ponerlo en acción en la experiencia exterior. Decir "YO SOY" es igual a decir: "Dios es el ser en todas las cosas", por eso todas las cosas tienen el YO SOY, todas las cosas están dentro de "YO SOY" y "YO SOY" eres tú, Dios eres tú mismo. NO lo confundas con la vanidad, como lo haría el ego. Tú NO eres Dios; contienes todo lo que Dios contiene, que es distinto. No hay nada más grande por alcanzar en la vida que experimentar a Dios dentro de nosotros mismos.

Otra parte de tu tripulación, y de lo que me apasiona platicarte porque ha llamado mi atención en los últimos años, son los ángeles. Al respecto podría hablarte miles de cosas, leyendas, libros y sucesos que he conocido; incluso una experiencia muy marcada en mi vida que tuve alguna vez con el arcángel Miguel... Pero trataré de ser lo más objetivo en este aspecto que es por demás vasto. Te recuerdo que, al igual que en todos los temas en la vida que resulten de tu interés, llegará a ti el maestro o maestra, el libro adecuado o la experiencia que te lleve a adentrarte en ello.

Desde un punto de vista teórico, no científico, puesto que no existe la capacidad intelectual para poder estudiar a los ángeles —como te lo advertí y tú lo sabes, sólo se hallan en la parte de tu cerebro que tiene la capacidad de creer en las cosas no tangibles ni medibles; en el hemisferio femenino, en el corazón—, los ángeles son seres de luz que evolucionan mediante el servicio. Aunque la palabra *ángel* tiene sus orígenes en el latín *angelus*, que alude a un ente sobrenatural de instintos bondadosos, su significado bíblico estricto es mensajero.

Desde el punto de vista histórico, se encuentran

cientos de escritos acerca de ángeles en diferentes culturas y religiones a lo largo de la historia de todo el planeta. Por citar algunos ejemplos, los ángeles en hebreo se llaman Malach y en el Antiguo Testamento se narra la aparición de ellos frente a Daniel para ayudarle a interpretar sus sueños; Lucas, en el Nuevo Testamento habla de la anunciación de Jesucristo a María por el arcángel Gabriel; el Corán cuenta cómo Uriel y Gabriel condujeron a Mahoma al cielo para dictarle todo el libro sagrado, del cual nace el islam; los esenios y egipcios relatan cómo Enoch, padre de Matusalén, se convirtió en el arcángel Metatrón, siendo éste el único ser humano en la Tierra que se ha convertido en arcángel; el hinduismo y el budismo dicen que seres celestiales de ligera presencia —debido a que los veían flotar, con aspecto totalmente humano— dieron grandes enseñanzas a los sacerdotes más avanzados de esas religiones. Esto sólo por poner algunos ejemplos, de un sinfín de relatos que tienen que ver con los libros sagrados de cada religión del mundo.

En el reino angelical existen un orden y jerarquías. Los ángeles están divididos en tres cielos:

1. EL CIELO DE LA FORMA

Relacionado con nuestra vida material de cada día, donde se hallan los arcángeles, nuestros ángeles guardianes personales y los príncipes angélicos.

2. EL CIELO DE LA CREACIÓN

Exalta y ayuda en las relaciones humanas. Aquí se hallan los poderes, virtudes y dominaciones.

3. EL CIELO DEL PARAÍSO

Muestra cómo podemos participar como cocreadores del universo... y nos une más a la Fuente Divina. Ahí viven los serafines, querubines y tronos.

Igual que nosotros evolucionamos en el plano terrestre, también los ángeles evolucionan de un nivel a otro. Su destino, el único destino que existe en todo el universo, es evolucionar y su fin es llegar al nivel más elevado que los une con la Fuente, Dios. Sirven a Dios, la Fuente, como mensajeros de esas energías de amor, armonía y creación.

El nivel o cielo más cercano/inmediato a los seres humanos es el cielo de la forma, con los arcángeles, ángeles guardianes y príncipes angélicos; a ellos corresponde trabajar con cada uno de los siete rayos que te mencioné anteriormente, como portadores del color y la energía de cada uno de los rayos de los que está formada toda la creación. Éstos a su vez te mandan los mensajes necesarios a través de tus tres cuerpos, entrando por tus campos energéticos, de los cuales también hablé, cuando te conté sobre los chakras y el aura; todos los mensajes que nos traen los ángeles son recibidos finalmente por el corazón.

¿Un ángel es un mensajero?, te preguntarás. ¿Por qué Dios usa mensajeros?, ¿qué no me puede hablar directamente? Sí, eso hace, usa mensajeros. En todo el universo que ha sido creado, creas en esto o seas completamente escéptico, existen un orden y una mecánica, por así decirlo, que controla cada una de las energías, y eso es lo que hacen los ángeles: son mensajeros que se encargan de guiarte a tu propósito como humano. Ese propósito es la evolución a través del amor en cada una de tus áreas.

Recuerda lo que te he dicho del amor. La función de los ángeles es acercarnos más al camino fácil, ligero y pleno de armonía. Ellos hablan constantemente en nuestros tres cuerpos, sólo que no los escuchamos en esta densa realidad que ha creado la mente humana.

La idea romántica de representar a los ángeles como seres con alas es algo que se ha utilizado para que la mente humana (ego) sepa identificarlos y etiquetarlos. Se les da cuerpo y forma; de otra manera no los identificaríamos ni entrarían en nuestra mente. Un ángel se puede presentar de miles de formas, no sólo como figura humana-alada.

Los ángeles vibran mucho más rápido que toda la materia de nuestro mundo visible y tangible; porque todo vibra. ¿Recuerdas lo que te conté acerca del *Kybalión*? Los ángeles vibran a una velocidad mucho más rápida que la de las moléculas y los átomos y todo en la Tierra. Tienen una vibración superior a la de todo lo que tiene materia en nuestra dimensión terrenal, que es de nueve décimos de la velocidad de la luz.

Debido a que los ángeles vibran más rápido, el efecto es como el de una rueda de bicicleta o de coche; cuanto más rápido giran, menos se ven el rin o los rayos de la bici. Es por eso que son imperceptibles. Al estar más revolucionados en su vibración, están más revolucionados que el tiempo que manejamos en la Tierra; ellos pueden adelantarse y saber lo que ocurrirá en un futuro; por eso los ángeles nos mandan mensajes de guía, pero nunca de imposición. Tal vez también te preguntes: ¿Por qué mi ángel no me protegió en aquella ocasión?, o ¿por qué no me advirtió antes de lo que me iba a pasar? Ésa es una pregunta que me hacía yo también y me costó mucho tiempo entender la respuesta, hasta que comencé a comprender el gran pacto que existe en todo el universo, en toda especie viviente: se llama *libre albedrío*. Eso significa que por medio de nuestros tres cuerpos, especialmente el mental, estamos eligiendo constantemente lo que para nosotros es un "hecho". Somos los que tenemos el preciado tesoro de decidir nuestras experiencias.

Ese pacto es respetado por toda la creación en el universo, por diferentes razas cósmicas y por todas las fuerzas que contribuyen al perfecto orden del universo.

Los ángeles sólo pueden intervenir si tú se lo permites. Ellos sólo pueden actuar si tú abres los canales necesarios para que sus mensajes y acción operen. Ellos siempre están; nunca dejan de estar. De hecho, ellos apoyan y permiten que pase en tu vida todo lo que tú, consciente o inconscientemente, estás manifestando y haciendo que suceda.

Si escuchas a través de ti mismo, a través de tu Ser Superior, los mensajes que los ángeles tienen para ti, ellos actúan inmediatamente para ofrecerte la ayuda y la protección que buscas. ¿Cómo conseguir eso?

El primer paso es abrir tu corazón, enriquecer y darle peso al cuerpo etéreo para que él controle la mente, frenando al ego que te mantiene enjuiciando, prejuzgando, analizando y apegándote a las cosas. Cuanto más abras tu canal del corazón, cuanta más importancia le des a cada pequeño suceso, cuanto más alerta estés de lo que sientes y sepas discernir entre lo que te acerca más a la naturaleza humana de armonía, paz, respeto por la vida propia y de todas las especies; cuanto más amor sientas y menos prejuicio; cuanto más servicio des a todo y a todos; cuanto más veneres tu vida y sepas que eres parte de un todo; cuanto más ejercites el perdón y cuanto más te des sin esperar nada a cambio, entonces una especie de intuición crecerá en ti y tendrás muy abierto el canal de comunicación con los mensajeros de Dios, los mensajeros de la verdad, de tu verdadera función.

Entonces dejarás de luchar y te mantendrás fluyendo con todo lo que necesitas, con lo que te hace elevar tu esencia como humano y cada vez tu corazón será más feliz. Para eso tienes que abrir el canal por el cual se manifiestan en la mente, pero pensando como lo hacemos nunca recibirás ningún mensaje de ellos.

Hay un ejercicio que aprendí en mi vida de una maestra mágica, que alguna vez me dijo qué hacer para estar en contacto con mi ángel y cómo abrir la comunicación con ellos. Es un juego muy fácil de llevar a cabo y que hay que hacer cada segundo de tu vida. Al principio es difícil, ya que la mente, para no perder la costumbre, siempre se entromete y atrapa tu atención con las preocupaciones cotidianas.

Este ejercicio te dará como resultado la comunicación con tu ángel o tus ángeles y traerá conciencia a tu existencia. Como te mencioné, tener conciencia es estar alerta de absolutamente todo lo que haces, cada pequeño instante, para que puedas saber qué se está manifestando en tu vida, qué es lo que estás haciendo de tu existir. Y es simple: desde que te levantes habla con tu ángel, platícale lo que sientes, cuéntale cómo es la sensación de sentir el agua en la ducha, de tener hambre, de estar alegre o triste, dile cómo se siente una flor, cómo se siente tener sueño; platícale todo. Él, a cambio, comenzará a mandarte mensajes más claros de intuición, te dará señales que hay que seguir y tal vez algún día hasta veas uno.

No precisamente como el ser con alas que ha pintado la historia, sino como alguien normal de carne y hueso que sabrás identificar por el magnetismo y la energía que te dará. De hecho hay relatos en los libros sagrados de diferentes religiones que describen a Gabriel como un ser humano común y corriente, que tenía una gran ligereza al moverse.

Lo que es un hecho es que los ángeles están esperando con ansias que les abras ese canal de comunicación. A un ángel NO se le puede invocar (ya te hablé de todo esto en mi primer libro), a un ángel no se le manipula; a un ángel se le abren las puertas de tu templo, es decir, de tu Ser, que como sabes consta de tres cuerpos. Cuanto más te intereses en ellos y más desarrolles la capacidad de amor (recuerda una vez más: amor no es la "manita sudada", amor es lo contrario de destrucción, lo contrario de odio y miedo), más experiencias tendrás de gratitud por su parte; más pequeños milagros recibirás. También te pido que recuerdes qué es un milagro: es un cambio de pensamiento, de actitud o de creencia.

Ellos harán que suceda el milagro, ya que comenzarás a recibir mensajes que la mente no puede producir y eso lo constatarás, pues te llevarán por caminos, situaciones y vivencias que, aunque al principio tu mente te haga creer que estás cometiendo un error, después descubrirás el resultado maravilloso de esa decisión, por ejemplo.

Los ángeles no pueden intervenir en absolutamente nada que tenga que ver con otra persona; no puedes pedirles a tus ángeles que hagan que fulanito o fulanita cambie su actitud, ni que se sane. Ellos no pueden romper con el libre albedrío de nadie. Sin embargo, cuanto más ejercites lo que acabo de mencionar apenas, entrarás más en contacto con ellos; por ende, su respuesta no se hará esperar.

Me gustaría platicarte algo que me sucedió una vez con el arcángel Miguel. Te lo platico, no porque me crea un ser especial, no, nunca, nada de eso; sólo te lo platico porque, como todo este libro está basado en cosas que he comprobado, me hace inmensamente feliz compartir esto contigo, con toda humildad y con las mismas reservas de siempre: si no me quieres creer estás en todo tu derecho, puedes pensar lo que quieras de esto; con platicártelo no gano nada, más que tratar de expresar lo inmensamente sagrado y hermoso que resulta para mí hablar de ángeles. Desde esa ocasión comencé a decir en mi programa: "Que sus ángeles los acompañen". Simplemente sentí que era mi obligación decirlo, y aunque al principio tuve muchas críticas, regaños y reclamos por hacerlo, luego todo a mi alrededor se calmó para que lo pudiera seguir diciendo. Curioso, ¿verdad?

Pero mi historia, que fue quizá muy insignificante y tristemente muy común en nuestra ciudad, fue la sensación más intensa que haya sentido en mi vida. En aquel entonces estaba muy metido en todo lo que se refería a los ángeles, cursos, talleres, tarots, libros... todo. Era lo que más me importaba. Llevaba a cabo el ejercicio del que te hablé y trataba de abrir mi canal del corazón, del amor incondicional (era una mejor persona...). Uno de esos días fui a un cajero a sacar dinero a las 12:30 de la madrugada y entró detrás de mí una persona con una pistola diciendo: *Ya te llevó la chingada... saca todo lo que puedas y dámelo, si volteas a verme te disparo y me pelo.* Hice lo que me pidió; eran los últimos tres mil pesos que tenía, los saqué y se los di; él los agarró repitiendo que si volteaba a verlo me disparaba. Eran las 12:30 en la madrugada y estaba solo, completamente solo, era un miércoles, para amanecer jueves.

En ese momento ocurrió algo que no puedo describir. Tal vez creas que estoy inventando y estás en todo tu derecho; pero en el momento en que aquel hombre tomó el dinero y ya estaba por retirarse, me nació una imagen del arcángel Miguel, vi clara su imagen junto a mí.

En ese momento lo primero que grité fue: "Oye, ¡déjame darte un abrazo!". ¡Imagínate!: él con la pistola en la mano, nervioso, pidiéndome que no lo volteara a ver, sin nadie alrededor... y yo diciéndole que me dejara darle un abrazo. Él, sin dudarlo, se acercó a mí y me abrazó. Comenzamos a llorar los dos y le deseé que ese dinero le ayudara. Le dije: "Que Dios te bendiga", y él me pidió una disculpa.

Después, lo único que recuerdo es que se fue y salí de ahí; comencé a desvanecerme, casi a desmayarme; me subí a mi coche y empecé a temblar de miedo. Luego asimilé lo sucedido y recordé aquella imagen verde-azul que me obligó a hacer lo que hice, o que más bien que él, Miguel, hizo.

Lo más curioso de todo es que había ido al banco porque al otro día era la fecha límite para pagar una mensualidad de ya no recuerdo qué; la mensualidad era de 2,200 pesos y lo único que tenía en mi cuenta eran 3,000, justo para terminar la quincena. Recuerdo que pagaba esa mensualidad los días 9 y a mí me pagaban los días 15; entonces, me sobraban ochocientos pesos para el resto de la quincena.

Pues cuál fue mi sorpresa cuando, al otro día, me encontré seis mil pesos en la bolsa de un pantalón que me puse la mañana siguiente. ¡Seis mil pesos! Digo, hay veces que encuentras un billete de veinte pesos, de cien o máximo de doscientos pesos en algún saco o chamarra, o en algún rincón de tu casa; pero ¿seis mil pesos en mi pantalón? Justo en el que escogí para usar a la mañana siguiente.

Recuerdo que en aquel entonces tenía muchas deudas, acababa de salirme de vivir de casa de mis papás y mi dinero sólo alcanzaba a cubrir mis necesidades de renta, gas, despensa, comida para mi perro, etcétera. Esto que te platico tal vez sea intrascendental o creas que fue inventado por mí, pero lo puedo afirmar: ha sido la experiencia más intensa con mis ángeles.

Tampoco quiero que tu ego interprete esto como si yo me las diera de un alma suprema o poderosa. No, para nada, nunca. Fueron los ángeles que estaban ahí, los que hicieron todo. Yo nunca hubiera hecho lo que hice en el cajero, nunca. Yo no lo hice ni lo haría, ¡fueron ellos! Ésa fue una bendita experiencia que me sucedió y la única razón para platicártela es la gratitud que siento hacia los ángeles. Te cuento esto con la intención de decirte que es posible, a pesar de cómo está el mundo, nuestra ciudad… que hay seres como ellos que están siempre a cargo de nosotros… que Dios siempre actúa… pero que debemos recordar nuestro libre albedrío, y ante todo debemos recordar que hay que trabajar en nosotros mismos para mantener abierto ese canal por el que los ángeles se comunican. Tenemos que mantenernos conscientes del cuerpo etérico donde vibran con nosotros, en la parte de donde se alimenta nuestra alma y espíritu.

Ellos son parte de la tripulación que nos acompaña siempre: en pleno vuelo, antes de despegar y al aterrizar. Interésate en ellos, compórtate como ellos. Recuerda que, como te mencioné, ellos también evolucionan a otros niveles, ellos también cumplen con sus misiones, también crecen. Por eso, si tú tratas de comportarte como parte de la creación, apoyando las fuerzas naturales de la creación —amor, armonía, paz, belleza, respeto, verdad y valor—, créeme que estarás cerca... mucho más cerca de ellos, volando en la misma dirección. ¿Qué más puedes pedir?

Por si todo esto fuera poco, también nos acompañan, nos cuidan y guían durante nuestro vuelo los amados MAESTROS ASCENDIDOS. Trataré de explicar lo más concreto y claro posible, qué son los maestros ascendidos.

El término *ascensión* se aplica a aquellos seres que alcanzaron la evolución personal de su espíritu al grado de fusionarse con la Fuente Divina, creadora de todo. Son seres que evolucionaron en pleno amor y sabiduría, que rompieron el ciclo de encarnaciones; ciclo que normalmente le llevaría una persona, como tú o como yo, una eternidad.

Ellos supieron evolucionar y aprender las lecciones que debían aprender, trabajar en conjunto con el ritmo de toda la creación y ser parte de la obra de Dios.

Los maestros ascendidos no pertenecen a ninguna religión, secta o cultura. Es aquí donde, con todo el respeto del mundo, quisiera compartirte que en el mundo del ego y de la mente humana siempre existe el juicio, la comparación y la competencia.

Dios y la creación no distinguen entre razas, colores, equipos de futbol o partidos políticos. La creación es algo universal y cualquiera que sea tu religión, católica, judía, protestante, testigo de Jehová, musulmán... la que sea, es completamente respetable. Como te he dicho miles de veces, todas son buenas, ninguna es más que otra, ninguna mejor; todas tienen un profundo valor. Todas te acercan, a fin de cuentas, a un mismo propósito que es encontrar a Dios. ¡Eso está bien! ¡Es maravilloso! Lo que no está bien es el uso del ego que marca diferencias y produce fanatismos. La creación no es así. Dios no le da más belleza a un roble que a un nogal o que a un bambú; todos tienen su belleza y su función específica.

Esto te lo digo porque los maestros ascendidos son los más grandes maestros espirituales que vivieron como humanos y dejaron un ejemplo de cómo alcanzar la evolución y la fusión total con Dios. Ellos siguen trabajando para contrarrestar las energías más oscuras existentes en el planeta y actúan como guías de toda la humanidad, para podernos liberar de aquellas cosas que nos hacen "enlodarnos" y resquebrajarnos como seres humanos. Ellos están ahí, siempre; pero, igual que los ángeles, respetan nuestro libre albedrío y proceden también desde el grado más sutil.

A ellos les puedes pedir su asistencia para fortalecer en ti todos aquellos principios de creación de los que te he hablado. Su sabiduría y manejo de energía crean la estabilidad en el mundo. En su paso por la Tierra, debido a su gran sabiduría, los hombres los han seguido y han formado religiones a partir de los maestros ascendidos. Ellos no pertenecen a ninguna religión, nosotros los humanos los hemos adaptado a las religiones.

Los maestros ascendidos son muchos, pero te puedo hablar sobre aquellos de los que más conozco sus funciones en la Tierra.

Como mi amado maestro **Jesús**, que es el encargado de enseñar y enviar amor al planeta. Todo lo que sucede en la Tierra es gracias al amor; el maestro Jesús es el encargado de sacar siempre a flote el amor, la fuerza más poderosa que crea absolutamente todo en la Tierra. El maestro Jesús vino a enseñarnos lo que era el amor en realidad, a despojarnos del ego y a demostrar la fe como el grado más puro de amor, de creación.

El amado maestro **Buda**, quien se encarga de enviar las fuerzas de la moderación, de la meditación, del desapego o desprendimiento de las cosas materiales y de la disciplina del interior, de poder abrir los canales del corazón y del control mental.

El maestro **Saint Germain**, quien fue un virtuoso artista y alquimista. Él es el encargado de irradiar en la Tierra el poder de transmutación, de la verdadera alquimia que transforma el simple y ordinario modo de vivir en oro puro; es decir, en sabiduría y comprensión de las leyes que rigen el universo (anteriormente te mencioné lo que es la alquimia). Él es quien se encarga de equilibrar las emociones de los seres humanos cuando están más desesperados por transmutar todas aquellas sensaciones oscuras.

La maestra **Lady Nada**, que trabaja en conjunto con Saint Germain y el arcángel Miguel, para mantener equilibradas las fuerzas de las energías femeninas y masculinas en todo (ya te hablé de ambas energías que nada tienen que ver con el sexo). Lady Nada es la encargada de mantener ese equilibrio en la naturaleza y en ti.

El maestro **Hilarión** es el encargado de traer a la Tierra el proceso de sanación y curación en los cuerpos físico, mental y etérico de los animales, plantas y seres humanos. Trabaja en conjunto con el arcángel Rafael suministrando la fuerza de sanación que se halla siempre en el interior de cada ser vivo.

El maestro **Krishna**, quien se encarga de proveer abundancia en todos los aspectos de la Tierra: en las relaciones personales y en los aspectos económicos. Krishna se encarga de mantener el flujo de absolutamente todo aquello que el ser humano busca: felicidad, júbilo y acceso a los conocimientos.

El maestro **Melchizedek** fue un maestro de Abraham que vivió cientos de años. Su misión es traer el conocimiento de la geometría, las matemáticas, la música y de todo aquello que es el estudio del proceso creativo de Dios. No lo confundas con Drunvalo Melchizedek, de quien te he hablado y que tanto me ha enseñado. Drunvalo pertenece a la raza de los Melchizedek, a la que dio origen en la Tierra el maestro ascendido Melchizedek.

Maestros ascendidos existen muchos. Cada uno es un "trabajador" de la creación y de la obra de Dios. Se encargan de ayudar al planeta Tierra y a los que la habitamos, para recorrer el camino de evolución que todos buscamos.

Como ya te lo comenté, el microcosmos es exactamente igual al macrocosmos. Al igual que nosotros debemos evolucionar —y digo debemos porque si no lo hacemos tendremos que regresar a este planeta una vez más, hasta que aprendamos lo que debemos aprender—, la Tierra también está en proceso de evolución, también tiene que evolucionar.

Lo que quiero comunicarte con todo esto es que me gustaría que entendieras que no vas solo en el vuelo de tu vida: hay fuerzas y seres que en todo momento te apoyan en lo más hermoso que seguramente buscas.

Me gustaría compartirte que no todo se resuelve desde el limitado instrumento humano del ego, que en cualquier momento estás siendo apoyado y guiado y que lo único que tienes que hacer es mirar tu interior, estar consciente y comenzar a abrir los canales de acercamiento a las fuerzas de los maestros ascendidos y los ángeles.

Es un trabajo constante y congruente que debes hacer, porque tus oraciones no nada más se dicen cuando te vas a dormir o entras a un templo. La oración que más se escucha es la que llevas a cabo cada segundo de tu vida; es la que tienes al actuar, al pensar y al creer. Es tu decisión alejarte de lo que por naturaleza existe en el maravilloso planeta, o alejarte de todas esas fuerzas de luz y creación mediante tus conductas y principios emanados del ego.

Es tiempo de que comprendas que cada pequeña acción que llevas a cabo en tu vida es un rezo que es escuchado y que recibes exactamente lo mismo a cambio. Es tiempo de que nos demos cuenta de que todos estamos interconectados... ¡todos!

Somos pequeñas células de un todo. Tú y yo sólo somos células del universo, del planeta, de la sociedad, del país... y si una célula se enferma, muere o funciona mal, afecta a todas las demás células que forman el gran cuerpo.

Es momento de entender que tenemos que despertar. Porque nosotros hemos sido los únicos responsables de elegir vivir la realidad que hemos creado y es momento de comenzar a entender que todo parte de uno mismo. Es momento de entender que si quieres cambiar lo que no te gusta, te da miedo, lo que te da coraje de tu ciudad, de tu país, de tu comunidad...

primero debes cambiarlo dentro de ti, y absolutamente todo lo externo cambiará como por arte de magia: experiencias, amistades, trabajo, economía, salud, pareja. Todo lo que conforma tu propio mundo es un reflejo de lo que tienes dentro.

No estás solo, ellos están esperando que comiences a querer encontrar tu verdadera vida, a despojarte de manipulaciones, de intereses de otros y de miedos y prejuicios del ego.

Ellos están esperando a que te animes a volar a lo más elevado de los cielos en tu existencia.

Aterrizaje

El viaje siempre llega a su fin... siempre que volamos debemos llegar a algún lugar. Todo en la vida tiene ciclos, cada nuevo comienzo tiene un final garantizado. Todo está en completo movimiento siempre.

El aterrizaje es, sin duda, lo más importante de cada viaje que puedas emprender al interior de tu propio ser. Con "aterrizaje" no me refiero al momento de dejar de volar, sino al momento en el que comprendes la realidad; es cuando entiendes que lo importante es el vuelo, la vida, la experiencia, el viaje.

Claro que aterrizar también implica llegar a algún lugar, meta o sueño. Seguramente has oído infinidad de veces que no hay imposibles, que no existe algo que no puedas alcanzar; ¡eso es cierto! Pero también es cierto que hay ciertas "herramientas" que te ayudarán a lograrlo, estoy seguro de que algo has oído al respecto.

En el principio del mentalismo (el cual mencioné anteriormente), que se trata de cambiar patrones mentales por otros de afirmación que te ayudarán a convencerte de lograr algo, es en el que se basa la metafísica, la película *El secreto,* así como el libro del mismo título y muchos otros más. ¿Recuerdas que te hablé de los cuerpos que conforman tu nave y de las leyes universales del *Kybalión*? Recordarás que mencioné que todo es mente. La mente es lo más importante porque ella hará que algo vibre contigo. Es en la mente donde vas a aceptar algo como una verdad; sin importar si es algo desagradable o algo bueno para ti, tú lo vas a tomar como cierto, debido a la mente. Éste es el principio básico de todo lo que sucederá a tu alrededor; lo que tú quieras creer, será real.

Por eso la mente es tan importante, es ahí donde todo comenzará a manifestarse en tu vida; es el punto en el que te conviertes en creador a través de lo que decides que es real para ti, tú creas tu propio mundo, en absolutamente todos los aspectos de tu vida: relaciones, amistades, trabajo, economía, oportunidades, salud... ¡todo!

En *Transforma tu realidad* hablé de esto y de cómo los pensamientos producen energía que se desprende de nuestro cuerpo a cierta distancia fuera de nuestra piel y viajan por el aire en forma de quantums o cuantos (las partículas más pequeñas que existen, hasta ahora conocidas; de ahí el nacimiento de la física cuántica), que por ley natural atraerán a su igual en forma de materia o experiencia. La manifestación de algo en forma material o en vivencias va a depender de la intensidad de la energía producida por ti o, mejor dicho, que tú emanas hacia el exterior.

Mi maestro Drunvalo me platicó alguna vez que la forma más rápida de poder hacer o crear algo en tu vida es alineando los tres cuerpos en un solo objetivo; por ejemplo, si tú quieres hacer un viaje o estar en algún lugar, pongamos como ejemplo Londres, para generar una mayor cantidad de energía que te lleve a Londres simplemente visualízate ahí, sintiendo la alegría —o cualquier otro sentimiento del corazón— de estar ahí, percibiendo el clima, el aire fresco, la lluvia, el sol, etcétera. Eso hace que tus tres cuerpos trabajen en conjunto, enfocados en un solo objetivo. Entonces, estarás produciendo una enorme cantidad de quantums dirigidos a un objetivo específico y pronto convertirás tu deseo en realidad. *El secreto* habla de este principio también.

Sólo que hay un problemita... bueno, de hecho es un problemota. Mi maestro Drunvalo alguna vez me lo advirtió, pero no lo entendí sino mucho tiempo después, incluso después de haber escrito mi primer libro; es lo más importante que he comprendido desde mi muy limitada conciencia y entendimiento, ha sido el más grande descubrimiento que he hecho en mi vida y es el fin último de este libro que tienes en tus manos.

La mente es, como mencioné, la puerta que dejará entrar los conceptos que tú entenderás y procesarás como verdad. Sin embargo, la mente (el ego) es de naturaleza dual. La mente siempre tendrá conceptos de bueno y malo, de arriba y abajo, de izquierda y derecha, de blanco y negro, de cielo e infierno; por eso esta realidad es dual. En el mundo en el que vivimos para que haya cielo tiene que haber un infierno; para que sepamos distinguir la luz, tiene que haber oscuridad.

Y el problema es ése precisamente: si tú creas las cosas desde la mente, desde el "plano humano" (porque la mente, como te dije, es de naturaleza humana, limitada, ya que sólo funciona con lo que conoce, con los archivos que le has dado de información, ¿recuerdas?), te conviertes en el creador de ese plano, generas algo que tiene que suceder inevitablemente. Eso se llama *contraparte*: para lograr alcanzar algo que anhelas y puedas decir "lo logré", siempre tiene que haber un parámetro de referencia; es decir, para que tú quieras lograr algo tienes que partir del lugar en el que estás deseando que algo mejore o se te conceda; si quieres un coche, tienes que partir desde el momento en que no tenías coche y cuando llegues al punto en que te has hecho de tu coche, tendrás que comparar los dos tiempos: cuando no lo tenías y cuando sí. Eso produce dualidad, ¿me explico?

¿Cuál dualidad? La de estas dos realidades: la del tiempo, la del antes y la del después; y la de la materia, tener coche y no tener. Esto produce el peor mal, que se llama APEGO y que produce necesidad, miedo e insatisfacción.

Trabajar sólo en procesos de creación, como el de *El secreto* y de otras corrientes (con las que no estoy muy de acuerdo), como la de Ramtha, es peligroso. Estos sistemas se basan en el poder mental de creación, y si vives así estarás encerrado en un mundo dual y nunca romperás el ciclo en el cual los humanos hemos estado atados miles de años... el mundo de creación y destrucción, por lo que nunca habrá unidad en tu vida.

Creo que no hay mejor ejemplo para entender esto que la película *Matrix*, toda la trilogía. Neo, el personaje principal, tenía poderes para controlar la Matrix (la realidad en la que vivimos) porque aprendió a dominar absolutamente todo, como volar, moverse en el tiempo y el espacio, desde la mente; pero al trabajar desde la mente también estaba haciendo más fuerte a su dualidad, su contraparte, que es representada por el agente Smith, quien era más poderoso al mismo tiempo que Neo se hacía más poderoso. Al final de la trilogía Neo entiende que "rindiéndose" ante la competencia y entregándose a su misión ganará la supuesta lucha.

La conciencia es completamente vital en nuestras vidas. No hay nada más importante para alcanzar la plenitud. La conciencia es algo de lo que no me cansaré de hablar y remarcar. Como ya sabes, la conciencia es, en el estricto significado, el conocimiento de todo lo que permites que sea tu vida. La conciencia es, como lo he mencionado antes, esa parte de ti que está alerta en cada pequeño instante; es la que se da cuenta de qué es lo que estás creyendo y aceptando como realidad; pero también es tu pasaje a la verdadera plenitud.

Igual que en todo, en la vida hay grados de conciencia. El primer grado es cuando decides, con todo tu conocimiento, que aceptas lo que será realidad para ti y qué es lo que dejarás entrar a tu vida.

El segundo grado de conciencia es cuando aceptas, reconoces, que mediante tu actuar diario, tus creencias, tus palabras y tu forma de ser estás creando tu realidad; es cuando dejas de "lavarte las manos" y de culpar a otros por todo lo que te sucede; es cuando te das cuenta del poder de tu libre albedrío; cuando sabes que algo que no está bien en tu salud, en tus relaciones, en tus finanzas, en cualquier pequeña área de tu vida... se debe a un patrón de pensamiento o creencia muy arraigado a ti. En el segundo nivel de conciencia es cuando sabes que absolutamente tu entorno se modificará cuando cambies por dentro.

Es cuando comienzas a tener poder, porque dejas de ser "víctima" de las circunstancias que aquejan a muchos, porque comprendes, en este nivel de conciencia, que tu realidad no puede ser igual a la de la gran mayoría (crisis, por ejemplo) y que tienes la capacidad de transformar tu entorno; es cuando te das cuenta de que la vida está íntimamente relacionada con todo: el macrouniverso con el microuniverso. Pero, ante todo, te das cuenta de que la vida es individual y a la vez colectiva. Te percatas de que todos los seres humanos somos células de un gran organismo que es el universo y su creación. En este segundo nivel de conciencia sabes que el principio de las leyes de las cuales te hablé (*Kybalión*) dicen que todo es mente.

Sin embargo, existe un tercer nivel de conciencia. Antes de que te hable de él, te comento que puede haber cientos de niveles de conciencia conforme se expande el universo y se expande el conocimiento del Creador. Como el maestro Jesús lo hizo. Él logró estar consciente de su Ser en más de cuarenta niveles de conciencia al mismo tiempo. Era alguien en pleno contacto con la fuerza creadora de todo el universo. Para la mayoría de nosotros, nuestras vidas transcurren sin que podamos ser conscientes ni siquiera del primer nivel.

Yo sólo te puedo hablar del tercer nivel por lo que he aprendido, y por lo que sé, aunque es obvio que no lo domino: ya te he dicho que no soy nadie avanzado en esto de la vida ni mucho menos. Éste es el único conocimiento al que he tenido acceso, por mi limitada evolución y porque, por supuesto, me falta mucho por desarrollar, trabajar y entender. Pero creo firmemente y con toda humildad que es lo más grande que puedo compartir contigo; es mi gran tesoro y, como todo el libro que tienes en tus manos, no pretende enseñarte nada. Te ruego lo tomes sólo como cuando un amigo te platica con júbilo una solución que él encontró para algo.

Para hablarte de este tercer nivel de conciencia quisiera hacer una advertencia: es que quizá lo percibas contradictorio a todo lo que has leído, podrías llegar a pensar o, mejor dicho, tu ego te podría reclamar y diga: "Ya ves, se está contradiciendo; primero te dice algo y después otra cosa distinta". Seguramente eso dirá tu mente... por eso te pido que trates de entender esto con todo tu ser, no sólo con la mente.

A lo que me refiero es que si entiendes el tercer nivel de conciencia, entonces comprenderás que nada es más importante que lo que vivas en el presente, en cada pequeño instante, pues en ningún momento necesitas de nada, de ningún objeto o persona en particular para estar pleno.

En el tercer nivel de conciencia comprendes que el verdadero viaje tiene que durar todo el tiempo, que no se trata de llegar a un punto determinado, no se trata de alcanzar un objetivo: se trata de fusionarte cada vez más con tu corazón.

Sabes que primero tienes que darte cuenta de que lo que piensas y aceptas como realidad es lo que te sucede (primer nivel), luego sabes que si modificas tu forma de creer, cambia todo (segundo nivel), pero después te das cuenta en este tercer nivel de que para no producir dualidad —es decir, el punto de referencia del que te hablé (en el ejemplo del coche)— necesitas aligerarte. Cuando tu vuelo es ligero y no necesitas nada, lo tienes todo; vas tomando las cosas en el momento justo, no te causa angustia alcanzar algo, algún bien material, algún objetivo laboral o económico o social; una vez que lo alcanzaste y tu mente te diga que lo puedes perder no te causa sensación de miedo. No batallas con el apego de perder a alguien o algo, simplemente porque vives intensamente cada pequeño instante con esa persona, con ese objeto que lograste tener, o con esa experiencia que quisiste vivir.

No hay apego de tu parte porque en el tercer nivel de conciencia sabes que la dualidad que experimentas en el segundo nivel deja de existir. No digo que no desees cosas ni objetivos, ¡no!, no me refiero a eso. Me refiero a que cuando dominas el primero y segundo nivel de conciencia entras a otra etapa, de completa paz, porque sabes que puedes crear y atraer cosas a tu vida.

En la dualidad del segundo nivel siempre estará presente la sensación de que puedes perder lo que has conseguido; en cambio, cuando estás en el tercer nivel de conciencia sabes lo que quieres lograr pero vives enfocado en el aquí y el ahora, en cada pequeño instante con el cien por ciento de tu ser. En el tercer nivel te dará gran alivio saber que la vida no es recolección de bienes, que la plenitud no tiene nada que ver con juntar, acaparar, almacenar, poseer.

La plenitud nada tiene que ver con eso, sino todo lo contrario. Cuando alcances tu meta, cuando estás en el aeropuerto al que te propusiste llegar cuando despegaste, te darás cuenta de que la dualidad de la mente humana te pedirá más y querrás emprender un nuevo vuelo a otro aeropuerto, a otro objetivo, a tener otra pareja, otro trabajo, otro coche, un hijo; a buscar en los anhelos tu felicidad y plenitud... y eso será insaciable.

Hay miles de personas que creen que cuando encuentren a la pareja perfecta, cuando consigan el trabajo ideal, cuando compren una casa, cuando tengan un hijo, serán plenos o plenas; siempre es cuando logremos equis objetivo. Pero una vez alcanzado ese objetivo o anhelo... ¿qué crees?, pues seguirán teniendo un vacío enorme en su vida. El mismo vacío o quizá más grande que el que tenían antes de emprender su "vuelo" hacia determinado aeropuerto.

Repito: no se trata de no desear algo, todos tenemos anhelos y sueños materiales y emocionales, y está perfecto alcanzarlos, pero no desde la dualidad humana; no desde la mente, ni siquiera desde el primero y segundo nivel de conciencia. Dicho sea de paso, dominar esos dos primeros niveles te dará gran poder creativo y entendimiento de lo que es tu vida, pero no puedes permanecer ahí, porque entonces será igual de intranquilo para ti conseguir logros.

La mente es así y siempre va a estar en la búsqueda de algo, en todos niveles, en TODOS aspectos. Incluso en lo espiritual, ya que a lo mejor has tomado doscientos de talleres, leído cientos de libros y aún no has encontrado la paz verdadera, la plenitud que todos buscamos; esa plenitud sólo se halla en el corazón.

El corazón no entiende de pérdidas o despedidas porque sabe perfectamente que nadie puede estar acompañado por las mismas personas para siempre. El corazón sabe que la única persona con la que vamos a estar es con nosotros mismos; sabe que cuando perdemos o nos despojan de algo, es porque necesitamos evolucionar; no duele el apego porque el corazón sabe que llegamos sin nada y que la sabiduría de nuestro Ser Superior nos guía a un mayor bien, más elevado, más pleno.

El corazón fluye, no se aferra a lo que no puede ser o estar. El corazón, recuerda, es el verdadero conocimiento ilimitado de nuestra existencia; la mente es limitada, siempre tratará de buscar en un futuro llenarse de más conocimientos, disciplinas y consejos, palabras para poder, según el ego, encontrar eso que llene nuestro vacío.

Hablando honestamente no es tan fácil permanecer en el tercer estado de conciencia, ya que el mundo tangible nos absorbe constantemente y la mente nos pone trampas para que no dejemos de buscar algo que nos lleve al encuentro de nuestra plenitud.

Muy pocas veces he logrado estar en este nivel, ya que igual que tú y que todos, me encuentro en etapa de aprendizaje; pero las pocas veces que he logrado llegar a ese nivel ha sido la experiencia más increíble que he podido experimentar.

Permíteme platicarte un hecho muy curioso de cómo lo descubrí y cómo me "cayó el veinte". La primera vez que lo escuché vino a mí de una de las personas que más admiro; en una ocasión que platicaba con él le pregunté qué significaba Dios en su vida. Él me contestó simplemente: "Dios está en mí cuando doy un concierto o cuando escribo una canción, independientemente de qué se trate". Eso me quedó muy marcado, pero no lo había procesado, no lo había entendido, o tal vez no había recibido bien el mensaje. Esa persona que me lo dijo fue Peter Gabriel.

Después de algunos años tuve la oportunidad de entrevistar a otra persona que también admiro, él es Tim Booth, vocalista de un grupo llamado James, a quien le hice la misma pregunta y curiosamente me contestó prácticamente igual: "Estar con Dios es cuando canto, cuando bailo". Tiempo después (tal vez esté alucinando), lo tomé como un mensaje que tenía que entender, ya que dos de las personas que más admiro en la música me habían dicho casi lo mismo y un buen día... como por arte de magia me desperté con el concepto que habían dicho en esas entrevistas. A los pocos días de que entendí a lo que se referían tuve la oportunidad de realizar un viaje donde pude asistir a una conferencia de Eckhart Tolle, un verdadero maestro que tiene varios libros publicados, como *El poder del ahora*, su obra más famosa; en esa conferencia reafirmó en mí lo que mi intuición me decía, a lo que se referían tanto Peter Gabriel como Tim Booth. Eso para mí no fue ninguna casualidad (he dejado de creer en ese término); fue cuando pude entender que absolutamente todo está conectado... todo tiene un por qué.

En ese mismo momento había comenzado a escribir este libro; pero esos sucesos modificaron todo el esquema de lo que te quería contar. De hecho, por eso se tardó tanto en salir este libro... Este libro, como todo, es algo que no pudo pasar ni antes ni después... sino ahora, en el momento justo.

Comprendí que la vida es mucho más fácil de lo que podría suponerse. Entendí que no existe nada más poderoso que nuestra conexión con Dios mediante el momento presente; sólo estar, sólo ser...

hacer lo que tu misión de vida te dice que hagas, ya sea bailar, correr, pintar, cocinar: lo que sea que tengas que hacer.

¿Cómo encontrar esa misión de vida?

Creo que es algo que todos nos preguntamos y muchas veces no nos damos la oportunidad de descubrir, pero la misión de nuestra vida nos es dada cuando experimentamos esa gran plenitud y paz en un instante, al hacer algo que nos llena por completo y que podemos compartir o contagiar de ello a alguien más.

Muchos lo encuentran en la actividad que pudiera parecer la más ridícula para la mayoría, pero si a ti te llena, ése es el principio del camino que te llevará a tu misión de vida. El único camino (insisto que sólo te comparto lo limitado de mi ser) lo encuentras cuando estás haciendo algo y dando el cien por ciento de ti mismo: tomando el sol, brincando, corriendo, haciendo lo que tengas que hacer, con la conciencia de tus tres cuerpos y sin esperar absolutamente nada; sólo existiendo en el tercer nivel de conciencia del que te hablo, existiendo simplemente y no negando el presente, por muy complicado que parezca.

Sólo la mente niega el presente; sólo a la mente le urge cambiar lo que ve y que no es igual a su imagen "ideal" de la realidad; sólo la mente quiere, por los medios posibles, cambiarlo todo.

Ya sabes que se puede. Ya sabes cómo utilizar la mente y los cambios de patrones mentales cuando pones en práctica los dos primeros niveles de conciencia; pero también te quiero compartir que si no evolucionas al tercer nivel, la búsqueda será incesante y la negación del presente también. Siempre querrás acceder a mejores niveles, según tu ego y tu mente; negar el presente es negar la vida misma, negar la creación, negar a Dios. No puedes negar lo que simplemente ES. Sólo en el tercer nivel de conciencia tienes el poder de fluir, de desprenderte de los objetivos y de no necesitar nada para ser pleno. Entonces todo se da automáticamente. Entonces encontrarás tu misión en la vida, sabrás que ya cuentas con el equipo necesario, no sólo para atraer cosas a tu vida, sino más bien para el tesoro más grande que es la plenitud de saber quién eres en realidad; la plenitud de vivir, de estar, de saberte enormemente grande con toda la humildad que tu corazón sólo es capaz de darte.

Entonces la vida comienza a manejarse automáticamente, para que tu forma de ganarte el pan sea acorde con lo que más feliz y pleno te hace. Entonces, conforme más te entregues a lo que haces en el momento presente, más pleno y sin necesidad de nada te sentirás; llegará la abundancia en todos aspectos. Sabrás, entonces, que se trata de no aterrizar jamás, de prolongar el trayecto aligerándote de cosas, de prejuicios, de metas para la satisfacción momentánea del ego. Entonces sabrás que lo que cuenta es el camino, el vuelo... no llegar al aeropuerto donde tendrás que despegar una vez más; sabrás que fuiste creado para volar y que las personas están contigo sólo por el tiempo necesario, pero al vivir tan intensamente cada pequeño instante con esas personas no habrá vacío en ti cuando se marchen, porque les habrás dado el ciento por ciento de tu vida, de tu amor; el amor sólo se encuentra en el presente, sin prejuicios, sin limitaciones, sin ataduras y sin medida.

Entonces no necesitarás a alguien, sino que amarás a alguien con la plena conciencia del no-apego. Tendrás los objetos materiales que necesites en el momento justo, en completa abundancia porque no estarás atado a nada, ya que sabrás que obtener algo tiene que ver con tu integridad, con la forma en la que vives y no solamente con el trabajo arduo y pesado para obtenerlo y conservarlo como tu mayor logro.

Sabrás confiar en lo que la vida te presente para poder avanzar siempre a algo mejor y, sobre todo, con la confianza de que nada ni nadie te faltará cuando te entregues a lo que haces. Cuando sepas canalizar en verdad el poder de lo que se llama "estar vivo", cuando tu corazón te hable para decirte que para estar con Dios y alcanzar la espiritualidad no se requiere nada más que simplemente ser.

Porque entonces estarás respetando a los demás, estarás venerando y cuidando cualquier forma de vida, ya que la plenitud que vas a sentir cuando descubras tu misión te hará relacionarte con la evolución de todos los seres humanos y con tu forma más elevada. Esto vendrá de tu corazón, recuerda, y en el corazón vive el amor, la creación. Entenderás que el compromiso más sagrado que existe en el planeta es para contigo mismo; eso no es egoísmo, no. No lo confundas; es simplemente cumplir tu misión... es ser tan pleno, que puedes entregar amor verdadero a los demás, a lo que haces, a tu trabajo, a tu país, a tu entorno. Sabrás que cuanto más te entregues con profundo amor y con todo tu ser a lo que sea que hagas, te guste tu trabajo o no, más fácil será el camino de venerar a la vida y entonces la vida te guiará por el mejor camino para ti.

Es obvio que no te sentirías pleno ni feliz si te dedicaras a robar, eso no te puede dar plenitud, ni si te dedicaras a transar; las personas que hacen eso saben y sienten la intranquilidad de ir en contra del amor, ellos sólo escuchan a su mente, buscan su satisfacción inmediata. Cuando haces tu trabajo honradamente y con toda la excelencia de que eres capaz, con toda tu conciencia, estás venerando tu momento presente y a la vida misma.

Entonces estarás más cerca de Dios... sabrás y entenderás por qué y para qué fuiste creado. Entonces tus anhelos ya no se limitarán a tus bienes materiales o emocionales. Tus anhelos serán de otra especie mucho más elevada; serán deseos de mantenerte siempre en el presente, serán siempre con el fin último de encontrar la plenitud en cada instante; estarán libres de toda aquella necesidad que la mente te dicte. Encontrarás entonces tu propio camino y descubrirás que todo está bien, que todo ha estado bien y que todo estará bien. ¡Todo es perfecto! Simplemente tienes que existir, simplemente tienes que ser, ¡ésa es tu única misión!

Realmente creo que el ser humano tiene una gran similitud con la máquina más ambiciosa surgida de la creatividad de nuestra especie. La gran diferencia entre el avión y el hombre radica en la esencia del Creador, la esencia de Dios, que vive en nosotros. La altura del vuelo del espíritu es directamente proporcional a la envergadura de nuestros anhelos.

Con toda humildad quise compartir contigo este principio del camino que, creo, es el más cercano al encuentro de lo que buscamos. No es algo que quiero que tomes como cierto, es simplemente lo que yo he descubierto. A fin de cuentas sólo tu encontrarás el camino correcto... sólo tú tienes la verdad.

Te agradezco infinitamente por haberme leído y te pido disculpas si en algo no cumplí con las expectativas que tenías de este libro. Fue escrito con el corazón y en una etapa muy especial en mi vida.

Le ruego a Dios que el mensaje sea recibido por ti como una simple plática y sin afán de darte una enseñanza, ya que no soy nadie para enseñarte.

Lo que tú has descubierto ya vive dentro de tu corazón. Sólo te pido y te suplico que lo dejes hablarte, que escuches a tu corazón y te ruego que vivas cada instante con todo tu ser… Dios te bendice siempre.

"Y que tus ángeles te acompañen para toda la eternidad."

¡Gracias por tanta bendición!

Amor, verdad y belleza. Confianza, armonía y paz.

OCEANO exprés

Esta obra se imprimió y encuadernó
en el mes de agosto de 2020,
en los talleres de Impregráfica Digital, S.A. de C.V.,
Av. Coyoacán 100–D, Col. Del Valle Norte,
C.P. 03103, Benito Juárez, Ciudad de México.